Uwe Justus Wenzel · Das Wagnis der Torheit

T V Z

Uwe Justus Wenzel

Das Wagnis der Torheit

Christliche Antworten – philosophische Fragen

T V Z
Theologischer Verlag Zürich

Gedruckt mit freundlicher Unterstützung der Stiftung Verband der stadtzürcherischen evangelisch-reformierten Kirchgemeinden.

Der Theologische Verlag Zürich wird vom Bundesamt für Kultur mit einem Strukturbeitrag für die Jahre 2016–2018 unterstützt.

Bibliografische Informationen der Deutschen Nationalbibliothek
Die Deutsche Nationalbibliothek verzeichnet diese Publikation in der Deutschen Nationalbibliografie; detaillierte bibliografische Daten sind im Internet über http://dnb.dnb.de abrufbar.

Umschlaggestaltung
Simone Ackermann, Zürich
unter Verwendung eines Bildes von Marianne Eigenheer
© Marianne Eigenheer

Druck
Rosch Buch GmbH, Schesslitz

ISBN 978-3-290-18169-7
© 2018 Theologischer Verlag Zürich
www.tvz-verlag.ch

Inhalt

Einleitung:
Aus gegebenen Anlässen

Die Wendung von der «Wiederkehr der Religion» ist zur
vertrauten Beschreibungsformel geworden, seit wenigstens zwei Jahrzehnten gehört sie zum Diskussionsbe-
trieb. Vieles vermeintlich Wiederkehrende war indes nie
gänzlich von der Bildfläche verschwunden oder aus dem
Bewusstsein verdrängt. Wie auch immer es in dieser
Hinsicht um Religion bestellt sein mag, eines ist schwerlich zu bestreiten: In einem gewissen – anderen – Sinne
kehrt Religion stets oder «immer schon» wieder, in den
Festen des Jahreskreises nämlich. Mit Blick auf den
christlich mitgeprägten Kulturkreis heisst dies: Auch
wenn religiöse Festtage zur weitgehend glaubensfreien,
religiös neutralisierten Folklore werden – man denke an
den globalisierten Weihnachtsmann alias Santa Claus –
und auch wenn der Mitgliederschwund der Kirchen
sich in unserer Weltgegend fortsetzt, so verschaffen die
gesetzlichen Feiertage doch «christlichen Themen» wie-
derkehrend eine eigene Präsenz in der Öffentlichkeit.
Was zum historischen Kulturgut herabzusinken im
Begriffe ist, kommt zumal an Ostern und Weihnachten
für eine kurze Spanne an die Oberfläche der Wahrnehmung; und es sorgt mitunter, auch bei religiös Musika-
lischen, für Verlegenheit: Wie lässt sich – heute – verste-

hen, wie lässt sich allen Ernstes glauben, was geschrieben steht? Wie lässt sich aus der Erzählung von einem Gott, der Mensch wird, der lebt, leidet, stirbt und aufersteht, Lebensbedeutsamkeit im Hier und Jetzt gewinnen?

Der wohlmeinende Sinn für Kulturgüterschutz genügt nicht, um sich solchen Fragen zu stellen. Wer sich von den Texten der christlichen Überlieferung ansprechen lassen möchte, muss sich ihnen öffnen. Freilich muss er ihnen – andererseits – nicht aufs Wort glauben. Oder vielmehr: Er darf und sollte sie beim Wort nehmen, nämlich die Wort- und Textkörper abklopfen und den Fragen Stimme leihen, die sich beim Abklopfen melden. Das Fragen, schrieb Martin Heidegger einmal, sei die Frömmigkeit des Denkens. Es frommt aber auch dem, der sich «Glaubenssätzen» nähert. Glauben und Wissen sind zweierlei, gewiss; Glauben und Denken aber sind nicht himmelweit voneinander geschieden. Und das Fragen ist in dieser Sphäre nicht vornehmlich eine Art und Weise, Distanz zu schaffen. Fragen stellen sich sogar in dem, was uns unbedingt angeht. Ein solches Fragen kann sich unversehens im Hallraum jener abgründigen Frage wiederfinden, die der sterbende Gottessohn, wie Matthäus und Markus berichten, als Klage herausschrie: «Mein Gott, mein Gott, warum hast du mich verlassen!?»

Philosophie und Theologie mögen Konkurrenzunternehmen sein, weil sie sich – je auf eigene Weise – der Frage zuwenden, wie zu leben sei, und weil jene dem Fragen und Weiterfragen auch dort noch den Vorzug gibt, wo diese zur Verkündigung einer Antwort entschlossen ist. In dem Schrei des gemarterten Menschensohns ist jedoch auch die Theologie mit einer bleibenden (oder wiederkehrenden) Frage konfrontiert. In ihr vibrieren alle «letzten» Warum-Fragen mit, als deren Anwältin Philosophie sich verstehen dürfte; auch die elementarste: Warum ist überhaupt etwas und nicht vielmehr nichts? Mögen die Geister der Weisheitsliebenden und die der Gott Liebenden sich auch scheiden: Im Gravitationsfeld «letzter» Fragen bleiben sie in Kontakt. Im Raum der Fragen können sie in sozusagen fachlichen Austausch miteinander treten. In diesem Raum ist und bleibt offen, ob das Bekenntnis zum auferweckten Gekreuzigten, das «Wort vom Kreuz», von dem Paulus im Ersten Brief an die Gemeinde im griechischen Korinth spricht, die Torheit ist, als die es der «Weisheit der Welt» erscheint, oder ob die «Weisheit der Welt» die eigentliche, die törichte Torheit ist, weil sie sich dem Wagnis des Glaubens an einen göttlichen Grund der Welt verschliesst.

Im Jahreskreis wiederkehrende Anlässe haben dem Redaktor für Geisteswissenschaften, der der Autor der nachstehenden Texte im Feuilleton der «Neuen Zürcher Zeitung» lange Jahre war, immer wieder ermöglicht, den Raum des Kommerziums von Torheit und Weisheit zu betreten. Es waren dies Experimente und auch Exerzitien, in denen er intensive Denkerfahrungen gemacht hat; sie sind zwar «seine», aber nicht eigentlich «privater» Natur. Religion, sagen Liberale gern, sei Privatsache. Dennoch wird selbst in einer Zeitung, die als liberal gelten möchte – den «staatlich verordneten» Feiertagen sei Dank –, Religion punktuell zu so etwas wie einer öffentlichen Angelegenheit, und dies nicht nur als obskures, potenziell gefährliches Objekt journalistischer Beobachtung. So gelangten die fünfzehn philosophisch-theologischen Meditationen in den Jahren 2006 bis 2017 auf die Titelseite der «NZZ». Die Beachtung, die sie dort fanden, möge entschuldigen, dass die «Leitartikel» dem geneigten Lesepublikum nun noch einmal, mit einigen wenigen Retuschen und in der Form eines Büchleins, offeriert werden.

Vielleicht wären sie nicht geschrieben worden, hätte Niklaus Peter, Pfarrer am Zürcher Fraumünster und publizistisch manch anderen Orts aktiv, den an Ostern und Weihnachten für die Bewirtschaftung der Frontpage zuständig gewesenen Redaktor nicht ermuntert, doch einmal selbst in die Tasten zu greifen. (Und auch bei der Ermöglichung ihres Wiedererscheinens hat er liebenswürdigerweise geholfen.) Obgleich ich ihm zudem für manchen Lektüretipp danken darf, trägt Niklaus Peter für die vermutlich nicht immer ganz orthodoxe «Laientheologie», die bei den Denk- und Glaubensversuchen entstanden ist, selbstredend keine Verantwortung.

U. J. W., Basel, im Juni 2018

Gott war tot

Christen glauben an Jesus Christus. Sie glauben daran, dass er Gottes eingeborener Sohn ist, dass er von Maria geboren wurde, dass er gekreuzigt, gestorben und begraben wurde; sie glauben, dass er in das Reich des Todes hinabgestiegen und am dritten Tage auferstanden ist und aufgefahren in den Himmel – wo er zur Rechten Gottes sitzt und von wo er kommen wird, zu richten die Lebenden und die Toten. So sagt es das Apostolische Glaubensbekenntnis, das in der «westlichen» Christenheit gleich welcher Konfession gesprochen wird.

Unbegreiflicher Tausch

Christen glauben noch mehr. Sie glauben, dass Jesus Christus «wegen unserer Verfehlungen» dahingegeben wurde und «um unseres Freispruchs willen» auferweckt wurde. (Röm 4,25) Sie glauben an das, was Karl Barth (wenn auch nicht als Erster) einen unbegreiflichen Tausch nennt: Gott setzt sich an die Stelle des Menschen, und der Mensch wird an die Stelle Gottes gesetzt. Gott erniedrigt sich, indem er Mensch und sein Wort Fleisch wird; und Gott erhöht den Menschen, indem er den als leibhafter Mensch gestorbenen Jesus – den toten

Christus – auferweckt. Dieser unbegreifliche Tausch ist das eigentliche Geheimnis des Osterfestes.

Gott tut das Unbegreifliche aus überschwänglicher Liebe und aus Gnade; er tut es, um die Menschen, seine Geschöpfe, loszukaufen – um sie freizukaufen aus der selbstverschuldeten Sklaverei ihrer Sünde. «So gross ist das Verderben des Geschöpfs», schreibt Barth in seiner «Dogmatik im Grundriss», «dass weniger als die Selbsthingabe Gottes zu seiner Rettung nicht genügen würde.» – Hat sie aber genügt? Hat die Selbsthingabe Gottes ausgereicht, um den Menschen zu retten aus Sünde und Tod? Die Antwort, die christliche Theologie auf diese Frage gibt, lautet salopp formuliert: «Im Prinzip ja.» Mit der Auferstehung Christi hat die Zeit sich gewendet, ein neuer Äon ist angebrochen. Aber dessen Zeit hat sich noch nicht erfüllt, die Wiederkunft Christi steht noch aus.

Die neue Zeit, die Zeit, in der die Christenheit lebt, ist eine Endzeit. Halten wir uns wiederum an Barth: «Die Uhr ist abgelaufen, auch wenn das Pendel noch ein paarmal hin und her schwingt. In diesem Zwischenraum leben wir. [...] Die Osterbotschaft sagt uns, dass unsere Feinde: Sünde, Fluch und Tod, geschlagen sind. Sie können letztlich nicht mehr Unheil stiften. Sie gebärden sich noch, als sei das Spiel nicht entschieden, die Schlacht nicht geschlagen, wir müssen noch mit ihnen rechnen, aber wir müssen sie im Grunde nicht mehr fürchten.» Darum auch könne, wer die Osterbotschaft vernommen habe, «nicht mehr mit tragischem Gesicht umherlaufen» und die «humorlose Existenz» eines Menschen führen, der keine Hoffnung hätte.

Der Schrei

Indes schwingt das Pendel nun schon zwei Jahrtausende weiter – und dies, obgleich Jesus den Seinen versprochen hatte, der Herr werde ihnen ihr Recht schaffen, «und zwar unverzüglich» (Lk 18,8). Ein Schalk, der dem Christenmenschen im Nacken sässe, könnte sagen, da brauche er ausser Geduld allerdings auch einigen Humor. Christlicher Ernst, ob mit oder ohne Humor begabt, könnte versucht sein, in der ihm zugemessenen und zugemuteten Zwischenzeit so etwas wie eine ferne, eine sehr ferne Entsprechung zu jenem «Zwischen» wahrzunehmen, in dem Christus gefangen war. Dies Zwischen war ein Unten. Es öffnet sich als Abgrund in dem Augenblick, der im Matthäus- wie im Markusevangelium eindringlich geschildert wird. Unmittelbar bevor der gekreuzigte Jesus stirbt, entfährt ihm der Schrei: «Mein Gott, mein Gott, warum hast du mich verlassen?» (Mt 27,46 / Mk 15,34)

In diesem Schrei, so der eminente katholische Theologe Hans Urs von Balthasar, versinkt der Gottessohn in die Totenwelt, «aus der kein Wort von ihm mehr heraustönt». Das Neue Testament schweigt sich weitestgehend aus über das, was dem toten Jesus in der Unterwelt widerfährt. Gibt die Gottverlassenheit, die im Moment des Todes Jesu sich kundtut, einen Fingerzeig? Balthasar spricht in seiner «Theologie der drei Tage» – tastend – davon, dass sich im Totsein Jesu alle Gottlosigkeit, alle Sünde der Welt, «realisiere»; oder auch: dass der gestorbene Erlöser im Totenreich der «reinen Sünde als solcher» ansichtig werde, der «absoluten Lebensentleerung des Toten». Gott habe das «Widergöttliche» in der Weise des letzten Gehorsams des Sohnes gegenüber dem Vater auf sich genommen.

Ohne den Sohn, heisst es im Johannesevangelium, kann niemand den Vater sehen oder zum Vater kommen. Darum wird, so Balthasar weiter, an dem Tag, da der Sohn tot ist und den Vater nicht sehen kann, «niemand Gott sehen, von ihm hören, zu ihm gelangen». Und dieser Tag ist der Karsamstag. Die Theologie kann von der «heilsgeschichtlichen Notwendigkeit» dieses Tages handeln: davon, dass der durch die Sünde in die Welt gekommene Tod den Menschen mitten entzweireisse, dass nur durch eine göttliche Tat die Entzweiung des Menschen geheilt werden könne und dass die Mitte dieser heilenden Tat «notwendig die Bruchstelle selber» sei: Tod, Hades, Verlorenheit in Gottferne. Die gebrochene Mitte vermittelt zwischen dem alten und dem neuen Äon. In dem «unfassbaren Augenblick zwischen Karsamstag und Ostern» – so ein letztes Mal Balthasar – findet die heilsgeschichtliche Wendung statt.

Das unglückliche Gemüt

So kann Theologie, als Lehre vom Wort Gottes, dem Karsamstag seinen Platz in der Heilsordnung zuweisen. Aber wer ist schon immer so weise wie die Theologie? Keine Christin, kein Christ ist dagegen gefeit, dass der Karsamstag sich als Stimmung gleichsam ausdehnt. Es kann sich, wie es der Philosoph Hegel vor zweihundert Jahren in seiner «Phänomenologie des Geistes» formulierte, «das schmerzliche Gefühl, dass Gott selbst gestorben ist», breit machen. Das Gemüt, von dem dieses Gefühl Besitz ergriffen hat, ist ein unglückliches. Es kann sein Unglück – seine Gottferne und Glaubensschwäche – in dem Sarkasmus zu ertränken versuchen, der später aus Nietzsches Zarathustra sprach. Der hat den Teufel sagen hören: «Gott ist tot; an seinem Mitleiden mit den Menschen ist Gott gestorben.»

Das unglückliche Gemüt kann aber auch Jean Paul lesen, die «Rede des toten Christus vom Weltgebäude herab», die der Dichter 1795 zu Papier brachte. Bei der Lektüre kann es in sein eigenes Unglück eintauchen – und darf hoffen, daraus verwandelt wieder hervorzukommen. Die dichterische Phantasie malt in düstersten Farben aus, wie es dem toten Christus ergangen sein mag an jenem Karsamstag: «Ich stieg herab, soweit das Sein seine Schatten wirft, und schauete in den Abgrund und rief: ‹Vater, wo bist Du?›, aber ich hörte nur den ewigen Sturm, den niemand regiert [...]. Und als ich aufblickte zur unermesslichen Welt nach dem göttlichen Auge, starrte sie mich mit einer leeren bodenlosen Augenhöhle an [...]» Doch das Szenarium grauenerregender Einsamkeit, in dem der tote Christus seine Rede hält und statt von Auferstehung nur von ewiger Mitternacht zu berichten weiss, ist ein Traumgespinst. Der schlafende Erzähler wird von dem erhabenen Schrecken eines heillosen Weltendes geweckt – auferweckt. Er findet seinen Glauben an einen guten Ausgang der Geschichte wieder. Seine Seele «weinte vor Freude, dass sie Gott wieder anbeten konnte». – Warum sollte es dem unglücklichen Karsamstags-Gemüt nicht ebenso ergehen können?

Erlöstes
und erlösendes Lachen

Vor der Synagoge eines Schtetls, irgendwo im Osten Europas, traf ein Reisender zur kältesten Jahreszeit auf einen alten Mann, der dünn bekleidet auf einer Bank hockte. Gefragt, warum er denn in der Eiseskälte ausharre, antwortete der Alte, er warte auf den Messias. Ein wahrhaftig wichtiger Beruf sei das, entgegnete der Fremde. Weiteres Nachfragen ergab, dass der Mann für die aufopferungsvolle Tätigkeit von seiner Gemeinde keinerlei Lohn erhalte und auch sonst keine Anerkennung. Der Fremde verstand das nicht: «Ihr werdet nicht bezahlt. Ihr werdet nicht geachtet. Ihr sitzt hungrig in der Kälte. Was soll denn das für ein Beruf sein?» – «Nun», sprach der alte Mann, «es ist ein Posten auf Dauer.»

«Tod, wo ist dein Stachel?»

Für seinen tiefgründigen Humor und seinen augenzwinkernden Witz ist das Judentum bekannt. Auch andere Religionen und Traditionen kennen das Lachen, das befreit, oder das Lächeln, das erleuchtet ist. Der Zen-Buddhismus etwa hat die paradoxe Parabel kultiviert. Für deren Hintersinn ist jene Empfehlung ein schönes Beispiel, die ein Mönch einst seinen Schülern gegeben haben soll: Sie möchten, um die Wirklichkeit zu ergründen, dem Geräusch lauschen und nachsinnen, das durch das «Einhandklatschen» hervorgerufen werde. – Und das Christentum, hat es einen Sinn für das Lachen und Lächeln? Es hätte zumindest einen guten Grund: die frohe Botschaft des Ostersonntags, die Kunde von der Auferweckung des Gekreuzigten. Wer freudig und siegesgewiss ausrufen darf: «Tod, wo ist dein Stachel?» (1Kor 15,55), wie sollte dem ein Lachen verwehrt sein?

Einer der massgeblichen Theologen des Christentums sah das anders. Aurelius Augustinus (354–430) urteilte in einem Sermon: «Die Menschen lachen und weinen, und dass sie lachen, ist zum Weinen.» Ist das irdische Leben also ein Tal des Jammers und der Tränen, in dem die ausgelassen lachenden Menschen des Segens Gottes entbehren müssen? Und müssten sie dies deswegen, weil – um Nachsicht für die Formulierung wird gebeten –, weil auch Gottes eingeborener Sohn auf seinem Leidensweg nichts zu lachen hatte? Es scheint nicht viel gefehlt zu haben, und diese kleinmütige, kleingläubige Ansicht hätte das Christentum beherrscht. Umberto Ecos Roman «Der Name der Rose» dreht sich darum. Ein Zeitgenosse Augustins, der nachmalige Bischof von Konstantinopel Johannes Chrysostomos, stellte (in seinem Kommentar zum Matthäusevangelium) klar und fest: Weinen sehen könne man Jesus oft, lachen niemals, nicht einmal still lächeln. «Diese Welt», so schlussfolgerte er, «ist eben kein Theater zum Lachen; nicht dazu sind wir beisammen, um schallendes Gelächter anzuschlagen, sondern um [über unsere Sünden] zu seufzen, und mit diesem Seufzen werden wir uns den Himmel erwerben.»

Narren in Christo

Diese und andere Ermahnungen vermochten gottlob nicht zu verhindern, dass auch Christenmenschen herzhaft gelacht haben – sogar im Gottesdienst und obendrein von Geistlichen animiert. Überliefert ist der kirchliche Brauch des sogenannten Osterlachens. Er hatte sich im «karnevalesken» Mittelalter herausgebildet und war noch im 16. Jahrhundert im deutschen Sprachraum weit verbreitet. Verblasste Spuren des Brauchs finden sich noch im frühen 20. Jahrhundert. Schenkt man den erhaltenen Zeugnissen Glauben, so betätigten sich Pfarrer (auch in reformierten Gemeinden) am Ostersonntag bisweilen als Erzähler von Schnurren und Witzen, als Possenreisser und veritable Komiker. Anzügliches und Obszönes gehörten durchaus zum Repertoire. Offenbar konnte, wer sich vor Lachen ausschüttete, auch Jesu Sieg über Tod und Hölle unbeschwerter feiern.

Die Zügel, die die einen – nach dem Ende der Fastenzeit begreiflicherweise – schiessen liessen, wurden von anderen freilich immer wieder angezogen. Der Basler Reformator Johann Hausschein, bekannter unter dem Namen Oekolampad, wandte sich 1518 in seiner Schrift «De risu paschalis» gegen kirchliches Komödiantentum, das ihn schamlos und blödsinnig dünkte. Auch Martin Luther, dem ergötzlichen Witz sonst zugetan, distanzierte sich von dem «nerrisch lecherlich geschwetz», das unter die Osterpredigt gemengt werde, um «die schleff- rigen damit wacker zu machen».

Doch geht es beim Thema Lachen im Christentum nicht zuvörderst um den «Kirchenschlaf» und seine effektvolle Verhinderung. Auch die Frage nach Abfuhr oder Zügelung von Triebenergien dunkler Herkunft erschöpft ein Thema nicht, das theologische Bris- anz birgt. Nietzsches boshafte Bemerkung, er könnte das Christentum glaubwürdiger finden, wenn nur die Christen erlöster aussähen, trifft etwas. Christinnen und Christen nämlich müssen das Kunststück vollbringen, zugleich zu lachen und zu weinen, genauer gesagt: so zu lachen, dass das Weinen nicht vergessen geht – dass am Ostersonntag der Karfreitag nicht aus dem Bewusstsein getilgt ist.

Beides gehört zusammen; und eben dies charakteri- siert nicht unwesentlich das, was der in Tübingen leh- rende katholische Theologe Karl-Josef Kuschel in einem einschlägigen Buch die «christliche Narrheit» nennt. Aus der Sicht von Ungläubigen oder Andersgläubigen mag der christliche Glaube komisch wirken oder när- risch oder – so das berühmte Wort des Apostels Paulus im ersten Kapitel des Ersten Korintherbriefs – wie eine Torheit. Das Lächerliche und das Erhabene, das Komi- sche und der Todernst liegen in der christlichen Religion nahe beieinander. Wie der Träger der Dornenkrone, dem sie nachfolgen, gewärtigen die Narren in Christo ihre Verspottung; und wenn sie über ihre Verspottung lachen – wozu ihnen aus ihrem Glauben heraus die nötigen Flügel wachsen –, so vergelten sie Gleiches doch nicht mit Gleichem. Häme und Hohn liegen ihnen fern. Das christliche Lachen ist ein Lachen auf dem Grunde eines frohen Glaubens, der nicht eifert. Es ist ein erlöstes Lachen.

Bekanntschaft mit dem Nichts

Solches Lachen indes dürfte, zumal in einer ange- strengt sich kitzelnden Spassgesellschaft, selten sein. Selbst frömmsten Christenmenschen wird es nicht immer gelingen. Und ob die Osterspässe von ehedem herzensreiner Ausdruck des Glaubens an die Frohbot- schaft waren, sei dahingestellt. Doch auch das sozu- sagen ungläubige Lachen, das Alltagslachen, eröffnet mitunter eine «andere» Dimension der Wirklichkeit. Das Komische, das gern beiläufig beginnt, kehrt das Unterste zuoberst und das Oberste zuunterst – für einen verschwindenden Moment. Auch das ist eine Form von Transzendenz, der Überschreitung des Gewohnten und Gewöhnlichen, der Störung der Ordnung und des Ordentlichen. Widersprüche und Abgründe, kleinere oder grössere, tun sich auf. Die Spannung, die dabei entsteht, entlädt sich lachend.

Solch ein profanes Lachen ist nicht erlöst, aber doch erlösend. Es erlöst ohne Erlöser. Wohin aber führt es? Hören wir dazu die Definition, die der Philosoph Imma- nuel Kant in seiner «Kritik der Urteilskraft» gegeben hat: Lachen sei ein «Affekt aus der plötzlichen Verwandlung einer gespannten Erwartung in nichts». Lachen führt also zu nichts? – Es macht mit dem Nichts bekannt, als das sich eine gespannte Erwartung entpuppt. Aus der Bekanntschaft mit diesem Nichts steigt das Unheimliche in manchem Lachen auf, vielleicht auch in jedem Lachen, das religiöse inbegriffen. Kann dann auch die Erwartung des Messias oder die Erwartung der Wiederkunft des Heilands sich «in nichts» verwandeln? Das kann sie. Sie kann sich aber auch in ein Lachen verwandeln, dem – woher nur? – eine freudige Hoffnung mitgegeben ist.

Das Schweigen Gottes

Von der sechsten Stunde an kam eine Finsternis über das ganze Land. Und um die neunte Stunde schrie Jesus mit lauter Stimme: «Mein Gott, mein Gott, warum hast du mich verlassen!» – Es ist keine frohe Botschaft, die Matthäus und Markus für den Karfreitag verkünden. Die beiden Evangelisten machen die Stimme eines gepeinigten, eines gemarterten Menschen vernehmlich. Dem Unschuldigen, der da am Kreuz der römischen Besetzungsmacht stirbt, kommt niemand zu Hilfe. Die Jünger sind von der Bildfläche verschwunden. Und Gott schweigt. Von allen, auch von dem, dessen Wahrheit er bezeugen will, scheint Jesus verlassen zu sein – der Gottessohn von Gott, der Menschensohn von den Menschen.

Zeugen, Schaulustige

Andere aber, die auf der Schädelstätte zugegen sind, finden Erwähnung in den Erzählungen von Jesu Ende. Schaulustige, die sich am Schauerlichen ergötzen und den langsam und qualvoll Sterbenden verhöhnen – selbst dann noch, wenn sie dem Dürstenden einen Schwamm mit Essigwasser reichen. Zu den Zuschauern gehören auch römische Soldaten. Es werden die sein, die den Verurteilten ans Kreuz genagelt haben. Einer unter ihnen sagt etwas Unerwartetes, es ist ein Hauptmann. Er schmäht Jesus nicht; er hört den Gefolterten schreien und sieht ihn sterben. «Ja», lässt Markus jenen Hauptmann sprechen, «dieser Mensch war wirklich Gottes Sohn!». (Mk 15,39)

Ein Ungläubiger – ein «Heide» – legt Zeugnis ab vom Gottessohn! Ein Kriegsknecht, der vom Gottesknecht nichts weiss, erkennt ihn im Angesicht des Todes. Wie aber hat er ihn erkannt? Was hat er gesehen – ausser einen Delinquenten, der unter der Tortur verendet? Was hat er gehört – ausser einen Verzweifelten, der mit seinem Gott, mit irgendeiner Gottheit, zu hadern scheint? Nichts davon verrät der Evangelist. Stattdessen lässt er am Rande der Szenerie noch weitere Figuren auftreten. Markus erzählt (wie auch Matthäus) von Frauen, die «von ferne» zuschauen; unter ihnen Maria von Magdala. Auch sie können für den Verurteilten nichts tun. Haben sie den Schrei gehört? Nehmen sie in der Gottesfinsternis gleichfalls ein Licht wahr?

Auch davon erfährt, wer den Text liest, nichts. Kurt Marti, der Schriftsteller und Theologe, hat in einer behutsamen Auslegung des Markusevangeliums gemutmasst, jene Frauen – obgleich sie ja als Jüngerinnen Jesu gelten dürfen – hätten noch nicht gemerkt, «dass *dieser* Tote das Leben ist». Und er fügt hinzu: «Vielleicht stehen uns diese Frauen aber näher als der Hauptmann.» Näher wären sie uns demnach, weil auch wir Heutigen «von ferne», von sehr ferne sogar, auf das Geschehen auf dem Kalvarienberg blicken.

Was aber hiesse es, diese Ferne zu ermessen? Hiesse es, sich als Schaulustiger zu fühlen und von einem ebenso grausamen wie bizarren «Passionsspiel» unterhalten – oder auch langweilen – zu lassen? Ob mit oder ohne Nervenkitzel und Schauder: Im Hinblick auf die Frage nach der heilsgeschichtlichen Bedeutung des Gesehenen herrschte in diesem Zuschauer wohl weitgehend Gleichgültigkeit. Solche religiöse Indifferenz – bestimmt sie nicht, in einem gewissen Sinne und der inflationären Rede von der Rückkehr des Religiösen zum Trotz, noch immer die Signatur der Gegenwart? Eine derartige Gleichgültigkeit kann jedenfalls mit der heiteren Pflege von Osterbräuchen ebenso einhergehen wie mit einem – bloss – kulturgeschichtlichen und freiheitspolitischen Interesse an den «Traditionen des christlichen Abendlandes», die zu verteidigen sich – irgendwie – lohne.

Nachhall

Die Ferne, aus der die Kunde vom Karfreitagsgeschehen zu uns dringt, kann aber auch ganz anders erfahren werden: als eine Ferne, die sich im Sterben Jesu selbst ereignet, als – Gottesferne. Es ist diese Ferne ein Abgrund, in den der Gottessohn stürzt. Aus ihm ertönt der Schrei des Verlassenen, die Frage, auf die keine Antwort gegeben wird. Diesen Abgrund vermag niemand zu ermessen. Die Selbsterniedrigung Gottes fällt zusammen mit seiner Selbstverbergung.

Doch der Schrei aus der Not des sterbenden Gottessohns hallt in den Ohren derer, die ihn hören, nach. Er lässt sie nicht kalt. Wer die tödliche Stille der ausbleibenden Antwort in sich aufnimmt, der vermag in ihr wohl auch das eigentliche Gepräge unserer Zeit zu erkennen. Die tödliche Stille manifestiert sich nicht nur in Gleichgültigkeit, sondern ebenso in religiösem Eifertum und verzweifelten Versuchen, das Schweigen Gottes zu übertönen und auf letzte Warum-Fragen eine Antwort zu erzwingen.

Aber begeht, wer den heilsgeschichtlichen Augenblick des Todes Jesu zu einer welthistorischen Stunde, zu einem Äon sich ausdehnen lässt, der bis heute andauert, nicht einen kapitalen Fehler? Ignoriert der nicht leichtfertig die Osterbotschaft, die Auferweckung des Gekreuzigten und seine Inthronisation?

Dass Jesus auferstanden ist, kann kein gläubiger Christ, keine gläubige Christin bezweifeln; dass der Heiland bis auf den heutigen Tag nicht wiedergekehrt ist, freilich ebenso wenig. Das Versprechen Gottes, den Seinen ihr Recht, «und zwar unverzüglich», zu verschaffen (Lk 18,8), ist noch nicht eingelöst worden. Dass die verheissene Wiederkunft auf sich warten lässt, stellt den Glauben auf die Probe und strapaziert das Denken. Die Theologie, die dabei entsteht und sich auf Wunderliches wie auf Ungeheures einen Reim machen muss, ist nicht immer lammfromm.

In den Schrei einstimmen

Die Spekulationen, die Sergio Quinzio, ein italienischer Laientheologe, in seinem Essay «Die Niederlage Gottes» anstellt, sind nachgerade kühn. Die im Zeichen des Kreuzes sich ereignende Selbsterniedrigung des menschenliebenden Gottes deutet er als dessen vollständige Selbstaufgabe. Nur die ebenso vollkommene Liebe seiner Geschöpfe könne dem erschöpften, schwachen Gott neues Leben einhauchen. Der Erlöser braucht Erlösung, und zur Erlösung braucht er die Menschen. Die Menschen aber, fürchtet Quinzio, seien zu müde und zu sehr enttäuscht von Gott, als dass sie so viel Liebe noch aufzubringen vermöchten.

Die Mühseligen und Beladenen, Erniedrigten und Beleidigten können mithin nur noch in den Schrei und die Frage des sterbenden Gottessohnes einstimmen. So aber, im Angesicht des Todes, finden Schöpfer und Geschöpf wieder zueinander. Den Menschen wandelt ein Mitleid mit Gott an, das zuversichtlicher Glaube nicht mehr sein kann – das aber auch kein Unglaube ist. Es ist, vielleicht, der Glaube derer, denen die karfreitägliche Gottesferne nahegeht.

Menschensohn
und Menschenwürde

Die näheren Umstände von Jesu Geburt werden von den beiden Evangelisten, die sie überhaupt für der Rede wert erachten, nicht sehr detailliert geschildert. Matthäus erwähnt lediglich ein Haus, Lukas immerhin die bildkräftige Futterkrippe, in die Maria ihren ersten Sohn, in Windeln gewickelt, legte – «denn in der Herberge war kein Platz für sie». Davon, dass Maria und ihr Verlobter Josef sich ein komfortableres Quartier etwa nicht hätten leisten können oder dass sie – dem Alter nach ein sehr ungleiches Paar – abgewiesen worden wären, steht nichts in den heiligen Schriften der Christenheit. Man darf vermuten, dass die Herberge schlicht belegt war.

Göttlicher Einspruch

Gleichwohl verstärkt die knappe Schilderung den Eindruck, der Menschen Heiland sei wenn nicht geradewegs in unmenschliche, so doch in unsichere Verhältnisse hineingeboren worden. Im Matthäusevangelium wird dies drastischer vor Augen geführt. Nachdem die drei Sterndeuter aus dem Morgenland Jesus gehuldigt und ihm Gold, Weihrauch und Myrrhe zum Geschenk dargebracht haben, fliehen Josef und Maria mit dem Kind vor den Häschern des Herodes nach Ägypten. Der Menschensohn wird zum Flüchtlingskind – ein Elend und eine Not, die nicht erst für heutige Begriffe eines Menschen unwürdig sind. Schenkt man dem Neuen Testament als Zeugnis Glauben, so brach sich vor zwei Jahrtausenden die Hoffnung auf eine Überwindung von Not und Elend Bahn. Das Wort, das Fleisch wurde, war auch ein Einspruch – der Einspruch des Allmächtigen gegen die irdischen Machthaber.

Das göttliche Machtwort kündigt sich in dem Lobgesang an, den die schwangere Maria anstimmt, als sie bei einer Verwandten zu Besuch ist, bei Elisabet, die gleichfalls ein Kind erwartet – den späteren Johannes den Täufer. Maria lobpreist drei Monate vor ihrer Niederkunft Gottes Barmherzigkeit und seine Eingriffe in die Geschichte: «Gewaltiges hat er vollbracht mit seinem Arm, zerstreut hat er, die hochmütig sind in ihrem Herzen, Mächtige hat er vom Thron gestürzt und Niedrige erhöht, Hungrige hat er gesättigt mit Gutem und Reiche leer ausgehen lassen.» (Lk 1,51–53) Was Gott nun aber an Maria handelt, geht darüber noch weit hinaus. Es kippt das irdisch-himmlische Koordinatensystem im Ganzen um. Gott erhöht nicht mehr nur Niedrige, er erniedrigt den Höchsten – sich selbst. Er steigt vom Thron herab und wird Mensch – aus Liebe zu den Menschen und um ihretwillen. Er wird wahrer Mensch und bleibt doch wahrer Gott. Das ist, wie (nicht nur) Karl Barth schrieb, das unbegreifliche «Wunder der Weihnacht».

Im Medium des Politischen

Gott macht sich zum Menschensohn und die Menschen zu Gotteskindern – in unerhörter, neuer Weise. Der Mensch wird, im Alten Testament, nach dem Bild Gottes geschaffen – herausgehoben aus der übrigen Schöpfung. Im Neuen Testament setzt Gott, so könnte man sagen, sich selbst in das Bild des Menschen: Er durchlebt und durchleidet die Existenz der Mühseligen und Beladenen, Erniedrigten und Beleidigten. Zu dem Menschen-Bild, das sich da abzeichnet, gehört beides: die «Hoheit» und die «Niedrigkeit», die Gestaltungsmacht und die Verletzlichkeit. Fällt von diesem Bild her auch Licht auf die allgegenwärtige Rede von der Würde des Menschen?

Ja, aber das Licht wird durch Profanes und Politisches unvermeidlich abgelenkt. Als der sechzigste Jahrestag der Menschenrechtserklärung der Vereinten Nationen begangen wurde, liessen sich auch Repräsentanten der christlichen Religion vernehmen. In einigen Verlautbarungen klang selbstkritisch an, dass die Kirchen als Verwalterinnen des Heils der Menschen die fundamentalen Rechte und die Würde ebendieser Menschen, historisch betrachtet, eigentlich erst seit kurzem wirklich achteten. Das ist, angesichts der Gewalt und der Unterdrückung, die sich mit der mutmasslichen Heilsgeschichte verknüpfen, zurückhaltend formuliert.

Andere Stellungnahmen aus kirchlichen Kreisen machten sich die Menschenwürde umstandslos zu eigen, um sie alsogleich in bekannter Manier in einen biopolitischen Kampfbegriff zu verwandeln. Mit ihm sollen Anfang und Ende des Lebens der Verfügung des zur Selbstherrlichkeit neigenden Wesens Mensch vollständig entzogen sein. Die Menschenwürde aber lässt sich so leicht nicht in Beschlag nehmen. Sie ist nicht nur eine politisch umkämpfte, sie ist auch eine Idee, deren geistesgeschichtliche Herkunft zweideutig, richtiger: zweilinig ist. Der biblische Gedanke der Gotteskindschaft eines jeden einzelnen und der Gleichheit aller Menschen – «Da ist weder Jude noch Grieche, da ist weder Sklave noch Freier, da ist nicht Mann und Frau» (Gal 3,28) – beschreibt nur eine der Linien. Die andere, der sich auch der Begriff der Würde selbst, der *dignitas*, verdankt, geht auf einen philosophischen, stoisch-römischen Ursprung zurück. In dieser Überlieferung werden Vernunft, freier Wille und Selbstbestimmung des Menschen akzentuiert.

Demut

Unabhängig davon, welche der miteinander sich verschlingenden Traditionslinien bevorzugt wird: Sobald die Menschenwürde als fundamentale Idee in die Verfassung des säkularen Rechtsstaates eingegangen ist, muss sie als weltanschaulich «neutrale» verstanden werden. Es kommt darauf an, dass die Menschen bedingungslos in ihrer Würde als Personen geachtet werden und dass sie – mit Hannah Arendt gesprochen – ein unveräusserliches Recht auf Rechte haben. Es kommt – verfassungsrechtlich – indes nicht darauf an, woher den Menschen die Menschenwürde zuwächst: ob sie von einem Gott geschenkt, von der Natur gegeben oder von der Vernunft gefordert wird. Eine rechtsstaatliche Verfassung setzt sich Menschenwürde als ein Axiom voraus, das nicht zur Disposition steht; aber sie bestimmt es seiner Herkunft nach nicht näher. Sie lässt das Woher offen – um der Freiheit willen.

Die freien Bürger dürfen, ein jeglicher auf seine Weise, nach Antworten auf diese offene Frage suchen. Von einer christlichen Warte aus ist mit dem Hinweis auf die Gotteskindschaft des Menschen dazu freilich nur das Notwendigste gesagt. Wer bei dem «Wunder der Weihnacht», der Menschwerdung Gottes, länger verweilt, wird kaum umhinkönnen, die Gotteskindschaft im Lichte der Demut wahrzunehmen. Nicht nur, weil Gott, wie es in Marias Loblied heisst, die Hochmütigen «zerstreut» mit seinem Arm. Sondern auch und vor allem, weil Gott sich selbst erniedrigt, weil er sich entäussert hat und Mensch geworden ist. Dem Menschen, der dessen innewird, stünde Demut gut zu Gesicht.

Demut jedoch, die christlichste aller Tugenden, bedeutet nicht Servilität, Kriecherei oder Duckmäusertum. Wo Menschen erniedrigt und gedemütigt werden, wo ihre Würde und ihre Rechte verletzt werden, ist es Christenpflicht, die Stimme zu erheben.

Das Kreuz
und das Ende des Opfers

Leblos, die Dornenkrone auf dem nach vorn gefallenen Kopf, sitzt Jesus auf einem Stuhl, den niemand mit dem Thron Gottes verwechseln wird. Es handelt sich um einen elektrischen Stuhl – und um ein Kunstwerk. Geschaffen hat es der Brite Paul Fryer. Vor einiger Zeit stand es in der Kathedrale von Gap, in den französischen Alpen, und hat die erwartbaren Proteste provoziert – aber auch Zustimmung gefunden. Verteidigt wird es nicht zuletzt vom örtlichen Bischof. Wäre Jesus heute zum Tode verurteilt worden, so entgegnet der Geistliche den Kritikern, hätte er mit dem elektrischen Stuhl oder anderen barbarischen Hinrichtungsarten rechnen müssen.

Ein elementares Symbol

Der Künstler selbst sieht das ähnlich. Er hat in einem kurzen Kommentar zu seiner Skulptur allerdings ein weitergehendes Gedankenexperiment angestellt, das selbst jene Christenmenschen zu irritieren vermöchte, die seiner «Pietà» etwas abgewinnen können: Hätte es, schreibt Fryer, vor zwei Jahrtausenden schon den elektrischen Stuhl gegeben und wäre Jesus auf einem solchen exekutiert worden, dann trügen heutzutage Millionen Menschen in aller Welt kleine elektrische Stühle aus Gold oder Silber an Ketten um den Hals.

Man braucht sich gar nicht erst auszumalen zu versuchen, wie die christliche Symbolwelt im Zeichen des elektrischen Stuhls aussähe. Es ist schlicht unvorstellbar. Und das liegt nicht daran, dass es sich um ein Hinrichtungsgerät handelt; das war das Kreuz, an das Jesus von Nazaret genagelt wurde, eben auch. Es liegt auch nicht einfach nur daran, dass wir uns an Kruzifix und Kreuz in langen Jahrhunderten gewöhnt haben; dass sie, jenseits von Glaubensfragen, in den kulturellen Bilderschatz eingegangen und redensartlich selbstverständlich geworden sind («das ist die Crux», «kreuzunglücklich», «zu Kreuze kriechen»). Es liegt vielmehr, auch und besonders, an dem Kreuz als Form – daran, dass es ein Symbol von elementarer Sinnfälligkeit und archaischer Herkunft ist, die durch seine christliche Verwandlung noch hindurchschimmern.

Das Kreuzsymbol hat einen Bedeutungshorizont, der weiter ist als der des Christentums; der auch weiter zurückreicht als bis zum römischen Marterholz, zur *crux*. Als universelles menschheitliches Symbol dürfte man das Kreuz wohl anthropologisch nennen. Es ist aber ebenso sehr ein kosmologisches Zeichen, in dem sich die Grundlinien eines anfänglichen Weltbildes erkennen lassen: Horizontale und Vertikale, Erde und Himmel, auch Ost und West, Nord und Süd. Das (gleicharmige) Kreuz ermöglicht die Orientierung im Raum, die Selbstverortung im Zentrum eines Koordinatensystems. Es erlaubt auch die Rasterung der Welt, ihre Unterteilung in «Planquadrate», mit deren Hilfe der erwachende Verstand sein Umfeld in Besitz nimmt. Solche Raster – Fangnetze? – finden sich etwa an den Wänden der Höhle von Lascaux mit den berühmten Tierdarstellungen, die vor 17 000 bis 19 000 Jahren entstanden.

Aus steinzeitlicher Vorgeschichte stammen auch die ältesten Kreuze, geritzte oder gezeichnete, die gleichfalls den Zusammenhang zwischen tätiger Weltbemächtigung – Jagd – und kultisch-symbolischer Selbstvergewisserung erkennen lassen. Frappierend erscheint insbesondere ein in roter Farbe umrisshaft dargestellter Steinbock aus der südspanischen Höhle Pileta, dem ein «Passionskreuz» aus dem Rücken ragt. Das aus dem Jungpaläolithikum erhalten gebliebene Bild hat für heutige Betrachter ganz und gar die Anmutung eines christlichen Opferlamms. Der katholische Theologe Georg Baudler interpretiert in einem Buch über Geschichte und Bedeutung des Kreuzes diese und vergleichbare Darstellungen als Ausdruck einer Nachahmung: Der Mensch – der tötende Jäger – ahme in kultischem Kontext die Gottheit nach, die er selbst als imponierende Tötungsgewalt erfahre (das heisst für den aufgeklärten Christen: missverstehe). Das getötete Tier werde als Gabe an diese Gottheit deklariert – durch ein Kreuz markiert –, um sie zu besänftigen und die verletzte heilige Ordnung wiederherzustellen.

Heiliger Schauer

Doch das vorchristliche Kreuz ist nicht nur ein Faden-
kreuz des heiligen Schauders, in dem Gewaltfaszination,
Todesangst und Tötungsbereitschaft einander durch-
dringen. Es ist auch ein Symbol der lebenspenden-
den – «mütterlichen» – Macht. Es nimmt, unter diesem
Aspekt, menschliche Gestalt an und zeigt ausgebreitete,
offene Arme. Diese Kreuzform, so legen archäologi-
sche Funde nahe, kommt mit der Sesshaftwerdung der
Menschen auf. Auch das altägyptische Henkelkreuz, die
«Lebensschleife», die einen Kopf zu haben scheint, ist
ein Exemplar dieser Gattung. Frei von blutigen Ritualen
und von entfesselter Gewalt hat sich, wie es aussieht,
allerdings auch diese «andere» Tradition der Kreuz-
symbolik nicht halten können. Zweideutigkeit – Fas-
zination *und* Schrecken – charakterisiert nach Rudolf
Otto, einem der Klassiker der Religionswissenschaft, die
Erfahrung des Heiligen.

Und alles dieses – so darf man, zweifelnd innehal-
tend, fragen – soll bei der Wahrnehmung eines christlichen Kreuzes mit im Blick- und Assoziationsfeld sein?
Ist das nicht Spekulation, allzu tief schürfende «Tiefen-
psychologie»? Die Geschichte der Kreuzigungsdarstel-
lungen liefert jedenfalls Anhaltspunkte, um zwischen
Todesbildern und Lebensbildern zu unterscheiden. Die
ersten Darstellungen, die sich in kirchlich-religiöser
Sphäre nicht vor dem fünften Jahrhundert nachwei-
sen lassen, zeigen einen vor dem Kreuz schwebenden
und lebenden Gottessohn, der den Tod bereits besiegt
hat und dessen ausgebreitete Arme die erneuerte Welt

zu umfassen scheinen. Nach diesem Typus des «Triumphators» erst hat sich offenbar der des Hingerichteten und des Schmerzensmannes herausgebildet, der dem Karfreitagsgeschehen prägnanten Ausdruck verleiht: Die gewaltsam geöffneten Arme sind die Arme eines schutzlos Preisgegebenen. Auch auf Paul Fryers elektrischem Stuhl sitzt ein toter Schmerzensmann, der eben vom Kreuz abgenommen worden zu sein scheint.

Das «Lobopfer» der Lippen

Solche Spuren lassen sich natürlich nicht einfach zurückverfolgen zu einer vermeintlich «ursprünglichen», eindeutigen und eigentlichen Symbolik aus dunkler Vorzeit. Wir haben es, wie in aller Kulturgeschichte, mit Aneignung und Anverwandlung, Umformung und Überformung zu tun. Ohne Ambivalenzen geht so etwas nicht vonstatten. Deutlicher noch als im Bild vom Kreuz zeigt sich das vielleicht im Wort, in diesem Fall in der Opfer-Rhetorik. Das Neue Testament ist durchzogen von Wendungen, die so gedeutet werden können und gedeutet worden sind, als habe Gott seinen eigenen Sohn als stellvertretendes Sühneopfer dargebracht, um die sündigen Menschen vom Tod freizukaufen. Und doch ist der Kreuzestod Jesu kein Opfertod. Er ist das Ende des Opfers. Wäre es anders, hätte Friedrich Nietzsche recht mit seinem Ausruf im «Antichrist»: «Das Schuldopfer, und zwar in seiner widerlichsten, barbarischsten Form, das Opfer des Unschuldigen für die Sünden der Schuldigen! Welches schauderhafte Heidentum!»

Allerdings hat der «Geist der Wahrheit» einige Jahrhunderte theologischer Arbeit benötigt, um klarzumachen, dass die Gemeinschaft zwischen Gott und Mensch nicht durch die Opferung eines Unschuldigen wiederhergestellt worden ist, sondern durch die Liebe Gottes, die sich herabgelassen hat, einen irdischen Leidensweg zu gehen und den getöteten Menschensohn am dritten Tage aufzuerwecken. Das einzige Opfer, das Christen – christlich verstanden – noch darzubringen haben, ist, wie es im Brief an die Hebräer heisst, das «Lobopfer» der Lippen. (Hebr 13,15)

Es ward Licht

Es wäre ein schönes Weihnachtsgeschenk gewesen. Hätten die im Dezember 2009 in Kopenhagen versammelten Delegationen aus aller Welt sich auf ein Klimaabkommen geeinigt, hätte das viele derer, die in der Heiligen Nacht die Geburt des Gottessohns feiern, vermutlich besonders erfreut. Seit längerem schon haben sich nämlich Christenmenschen und ihre Kirchen die «Bewahrung der Schöpfung» auf die Banner geschrieben. Manch einer hätte es wohl sogar für ein doch noch geschehenes Zeichen und ein Wunder halten mögen, für einen Beweis des tätigen Wirkens Gottes in der Geschichte, wenn eine «Klimawende» wenige Tage vor Weihnachten eingeläutet worden wäre – wenige Tage vor dem Tag, an dem Christen ja ihrerseits eine Wende feiern: die heilsgeschichtliche Wende zur Versöhnung von Mensch und Gott, Geschöpf und Schöpfer, die mit der Menschwerdung Gottes sich ereigne und einer veritablen Neuschöpfung gleichkomme.

Ein Tagwesen namens Mensch

Ein solches Zusammentreffen hätten andere vielleicht obendrein «sinnig» genannt, weil eine weitere Wende hinzugekommen wäre. Es handelt sich – für die Nordhalbkugel der Erde – um die Wintersonnenwende. Mit ihr fängt zwar der astronomische Winter erst an, mit ihr beginnt aber doch auch, da die Tage allmählich länger und die Nächte kürzer werden, die Rückkehr des Sonnenlichts. Ein schlicht natürlicher Vorgang, der dem Leben, das der Sonne bedarf, ebenso natürlichen Auftrieb gibt – der zudem aber einen symbolischen Mehrwert bereithält, der im Seelenhaushalt des Tagwesens namens Mensch kaum zu überschätzen sein dürfte.

Auch die christliche Religion scheint in manchem von einem solchen symbolischen Mehrwert natürlicher Rhythmen zu zehren. So zumindest legen uns Religionshistoriker und Kulturanthropologen nahe, die zur Bekräftigung ihrer Behauptung auf «heidnische» Sonnengott-Kulte im Rom der ersten vier Jahrhunderte nach Christi Geburt verweisen können. Am 25. Dezember, an dem Tag der Wintersonnenwende im julianischen Kalender, wurde *Sol invictus*, dem «unbesiegten» Sonnengott Sol, gehuldigt, der zeitweise mit dem römischen Kaiser verschmolz. Erst im 4. Jahrhundert begannen die allmählich Oberwasser gewinnenden Christen die Geburt ihres Heilands – des «Lichts des Lebens» – zu feiern. Dass sie die Ankunft des Menschensohns in der Krippe zu Betlehem auf jenes Datum legten, ist schwerlich ein Zufall. Es war kein Zufall, es besteht andererseits aber gewiss auch keine Notwendigkeit, aus dem – schliesslich erfolgreichen – Versuch, ein allgemein wahrgenommenes Datum im Jahreslauf mit dem eigenen Kult zu besetzen, auf eine Wesensverwandtschaft der konkurrierenden Religionen zu schliessen.

Das Licht und die Lichter

Ganz ohne Vermischungen oder Verwechslungen scheint die Umbesetzung damals allerdings nicht vonstattengegangen zu sein. Die Anhänger der neuen Religion hatten noch Schlacken der alten abzuschütteln. Augustinus, der im Jahr 354 geborene nordafrikanische Kirchenvater, als Philosoph nicht minder bedeutend denn als Theologe, mahnte in einer Weihnachtspredigt den rechten Glauben an: «Lasst uns diesen Tag feierlich begehen, nicht wegen der Sonne wie die Ungläubigen, sondern wegen dem, der die Sonne erschaffen hat.» Die Ungläubigen – das sind die, die die Sonne «anstelle Gottes verehren»; die, «die in der Blindheit ihres Geistes die wahre Sonne der Gerechtigkeit nicht sehen».

In der Tat: Christenmenschen sind zwar, wie es im Neuen Testament heisst, «Kinder des Lichts», und Christus ist ihnen das «Licht der Welt». Aber die Quelle ihres Lichts ist nicht von dieser Welt – Gott, schreibt Paulus im Ersten Brief an Timotheus, wohnt in «unzugänglichem Licht» (1Tim 6,16). Und das Licht, das die Quelle spendet, ist kein Sonnenlicht. Es ist vielmehr, folgt man dem ersten Buch der Bibel, jenes Licht, das «wurde», indem der biblische Schöpfergott es buchstäblich in die Existenz rief; das Licht, das dieser Gott als erstes Erzeugnis im Schöpfungsakt für gut befand; das Licht, das er von der Finsternis des Nichts und der Nacht schied und das er «Tag» nannte; das Licht, das bereits drei Tage vor demjenigen Schöpfungstag zu leuchten begann, an dem derselbe Gott erst jene «Lichter» schuf – Sonne, Mond, «und auch die Sterne» – und an «die Feste des Himmels» setzte, welche die Erde auf gewohnt natürliche Weise bescheinen und Zeichen für Festzeiten, für Tage und Jahre geben (Gen 1).

An diesen Lichtern erfreuen sich Christinnen und Christen wie andere Menschen auch. Sie sollen jedoch, wie der Mystiker Jakob Böhme vor vier Jahrhunderten in seiner «Aurora» schrieb, das «Licht der Natur» nicht anbeten. Denn: «Es ist nicht das Herz Gottes, sondern es ist ein angezündet Licht in der Natur.» Auch die Schöpfung, die es zu bewahren gilt, ist mithin nicht anbetungswürdig. Das ursprüngliche Licht, das Licht «vor» den Lichtern, ist nach christlichem Glauben auch eines «nach» ihnen: das Licht, das noch am Ende aller Tage leuchten soll, wenn – wie es beim Evangelist Markus heisst – die Sonne sich verfinstert, der Mond seinen Schein nicht gibt und die Sterne vom Himmel fallen (Mk 13,24f). Was hiesse es, die Welt in diesem Licht zu sehen, das mit der Geburt des Gottes- und Menschensohns für Christen neu zu leuchten begonnen hat?

Jenseits von Knappheit und Rettung

Vielleicht hiesse es, vom Denken und Reden in Begriffen der Knappheit ein wenig Abstand zu nehmen – auch und gerade wenn die Energieressourcen irdisch wie kosmisch begrenzt sind; auch und gerade wenn die Traglast des Globus bald erreicht und auch und gerade wenn die Existenz des gesamten Kosmos befristet sein sollte. Die Schöpfung und die Neuschöpfung in der Menschwerdung liessen sich, mit einem gewissen Recht, durchaus als Verschwendung verstehen, als verschwenderisch grosszügige Akte eines freien – und liebenden – Gottes, der nicht hätte tun müssen, was er tat. Aber das Wort «Verschwendung» bewegt sich, als deren Verneinung, womöglich noch zu sehr im Herrschaftsbereich einer Ökonomie der Knappheit. Besser mag es sein, von einem Geschenk zu sprechen und von Fülle – einer Fülle jenseits von Armut und Überfülle. In dieser Fülle, die das «Licht der Welt» sichtbar macht, leben Christenmenschen. Zumindest könnten sie es.

Aber wäre das nicht abwiegelnd, wäre das nicht eine falsche Versöhnung? Müssen wir die Welt nicht retten? Gott ist zwar Mensch geworden, der Mensch aber kein Gott; nicht einmal ein Sonnengott. Wir sollten die Schöpfung zu bewahren versuchen, so gut es geht. Aber die Welt retten – das übersteigt die menschlichen Möglichkeiten.

Gaben und Gegengaben

Alle Jahre wieder wird dem Gemeinwesen um die Weihnachtszeit der Puls des Konsums gefühlt: Klingeln die Kassen des Einzelhandels oft und kräftig genug? Dann ist's gut, dann läuft der Laden – und auch das Gemüt ist im Aufschwung begriffen, wie man gerne glauben möchte. Denn die vielen Geschenke, die gekauft und getauscht werden, müssen doch, so liesse sich hoffen, ebenso im kollektiven Seelenhaushalt ein Wachstum befördern, eines der besonderen Art. Mit den Präsenten soll schliesslich nicht zuletzt Freude und Zuwendung geschenkt werden. Eine wunderbare Wandlung ist das: Aus einer unpersönlichen Ware, oft einer Dutzendware, wird eine persönliche Gabe; aus einem eintauschbaren Handelsobjekt ein unverwechselbares Ding mit individuellem Flair; aus einem äusserlichen Objekt der Ausdruck einer inneren Regung; aus kaltem Kommerz seelenvolle Kommunion.

Soziale Bande

Dass kleine Geschenke die Freundschaft und auch die Liebe erhalten, weiss der Volksmund nicht nur zur Weihnachtszeit. Dass grosse sie nicht unbedingt vergrössern, ist gleichfalls eine Erfahrung, die das ganze Jahr über gemacht werden kann. Der allzu reich Bedachte nämlich könnte, ähnlich wie ein Almosenempfänger, beschämt sein, ein Geschenk zu erhalten, das er nicht – nicht ebenso «gross» – zu erwidern vermag. Andererseits lehrt das Leben: Gar nicht zu geben, festigt die persönlichen Bande auch nicht. Das Schenken scheint also, obgleich es keinen vertraglichen Verhältnissen entspringt und kein Tauschgeschäft sein will, einem ebenso pragmatischen wie prekären, psychologisch delikaten Reglement der wechselseitigen Verpflichtung und Verschuldung zu unterliegen. Das wird in diesen Tagen, da Gaben und Gegengaben im Überfluss und mehr oder weniger gleichzeitig ihre Empfänger erreichen, nur etwas deutlicher als sonst.

Haben jene Soziologen recht, die in derlei wiederkehrenden Schenkzeremonien ein Erbe aus archaischer Zeit zu erkennen glauben – Relikte eines Ritus, den der französische Kulturanthropologe Marcel Mauss einst in seinem «Essai sur le don» beschrieben hat? Wir hätten es dann mit einem Gabentausch zu tun, in dem die sozialen Bande durch wechselseitiges Geben und Nehmen bekräftigt, gestärkt, ja vielleicht allererst geschaffen würden – Bindungen, die von grösserer Dauer und Festigkeit wären, als die Beziehungen es sein können, die der Warentausch des Marktes stiftet. Derlei «Handelsbeziehungen» lösen sich auf, sobald das Geschäft getätigt, der Preis bezahlt ist und die Kontrahenten – die Vertragspartner – quitt sind. Nicht so die Verstrickungen in den Gabentausch; sie sorgen, weil nicht «quittierbar», für Kontinuität, für eine soziale Verflechtung, die anhält, für die Bildung von Gemeinschaften, die die Gesellschaft zusammenhalten, wie man mit leichtem sozialromantischem Überschwang sagen könnte.

Ein geflügeltes Wort

Auch wenn das Schenken, zumal das gewohnheitsgemässe, Züge solcher wechselseitigen Verschuldung und Verpflichtung tragen mag, so erschöpft es sich darin doch wohl kaum. Für manche verknüpft sich mit ihm im Kern – in seinem Glutkern – sogar die Hoffnung, aus dem Kreislauf des Verschuldens und Verpflichtens herauszutreten, ganz gleich, ob es sich dabei um ökonomisch oder persönlich «interessierte» Tauschgeschäfte handle. In der Blickbahn einer solchen Hoffnung haftet jedem Geben, das von der Erwartung einer Gegengabe begleitet wird, ein Makel an. Seneca, der grosse stoische Philosoph des ersten nachchristlichen Jahrhunderts, hat das grosszügige, unbedingte und hochherzige Geben in einprägsamen Sentenzen beschworen: Wünschenswert und schön sei eine Wohltat, sofern sie um ihrer selbst willen erwiesen werde. In seiner Schrift über ebensolche Wohltaten «De beneficiis» heisst es des Weiteren: «Wer gegeben hat, um etwas dafür zu erhalten, hat nicht gegeben.» Und: «Wert ist, enttäuscht zu werden, wer an das Wiedergeben dachte, während er gab.»

Nicht himmelweit von der stoischen Selbstprüfung ist der Ratschlag entfernt, den der Apostel Paulus im Zweiten Brief an die Korinther erteilt: «Jeder aber gebe, wie er es sich im Herzen vorgenommen hat, ohne Bedauern und ohne Zwang; denn *einen fröhlichen Geber* hat

Gott lieb.» (2Kor 9,7) Auch der zum geflügelten Wort gewordene Sinnspruch «Geben ist seliger als nehmen» (Apg 20,35) gehört, das liegt auf der Hand, in denselben Zusammenhang. Überliefert ist er in der Apostelgeschichte als ein Wort des Jesus von Nazaret. Die Geburt des Gottessohns, die die Christenheit alljährlich feiert, ist der – wenn auch für viele nurmehr sehr mittelbare – Anlass, um Geschenke zu machen. Und doch geht es, wenn eine laientheologische Mutmassung erlaubt ist, für Christenmenschen beim Weihnachtsfest im Grunde nicht so sehr um das selige Geben als vielmehr um das selige Nehmen, um das Annehmen eines Geschenkes, das ihnen Gott mit der Menschwerdung gemacht hat: das Geschenk des – erneuerten – Lebens. Nehmen sie es an – richtiger: geht ihnen auf, dass sie es angenommen haben –, dann machen sie damit dem, der es gegeben hat, ihrerseits ein Geschenk, das des Dankes und des Glaubens. Das ist eigentlich ganz einfach und ermangelt doch nicht der Subtilität.

Umsonst

Davon handelt auf sinnfällige Weise ein ebenso fromm-mystisches wie schönes Weihnachtslied des Lyrikers und evangelischen Theologen Paul Gerhardt aus der Mitte des 17. Jahrhunderts. Die erste Strophe lautet: «Ich steh an deiner Krippe hier, / o Jesu, du mein Leben. / Ich komme, bring und schenke dir, / was du mir hast gegeben. / Nimm hin, es ist mein Geist und Sinn, / Herz, Seel und Mut, nimm alles hin / und lass dir's wohl gefallen.» (RG 402) Christenmenschen sind im Lichte dieser Zeilen das gerade Gegenteil jener angeblich «edlen» – in Wahrheit grob undankbaren – Seelen, von denen Nietzsches Zarathustra stolz behauptet: «Sie wollen nichts umsonst haben, am wenigsten das Leben.» Das Leben ist aber, christlich gedacht, genau das: umsonst, gratis, ein Geschenk des Himmels eben, das vom Umtausch freilich ausgeschlossen ist. Für seinen Empfang müssen seine Empfänger, für ihn *können* sie nichts tun. Das Geschenk ist mit keiner Dankesschuld belastet; sie ist von Anfang an getilgt. Paul Gerhardts Lied deutet es an: Auch die Dankbarkeit – das Dankenkönnen – ist geschenkt, im Geschenk sozusagen inbegriffen. Es spricht nichts dagegen, sondern alles dafür, den Dank für das Geschenk des Lebens auch durch das freigebige weihnachtliche Beschenken der Mitmenschen, nächster wie fernster, zu bezeigen. «Umsonst habt ihr es empfangen, umsonst sollt ihr es geben» (Mt 10,8), lässt das Matthäusevangelium Jesus zu den Seinen sagen. – Was dies für den Rest des Jahres bedeuten könnte, steht dahin.

Der ungläubige Thomas

Gegen Ende seines langen Lebens wurde der Philosoph und Mathematiker Bertrand Russell gefragt, wie er denn, falls er sich nach seinem Tod wider Erwarten vor dem Thron Gottes wiederfinden sollte, auf des Höchsten Frage reagieren würde, warum er nicht an ihn geglaubt habe. Er, so Russell, würde sagen: «Not enough evidence, God, not enough evidence.» – «Nicht genug Beweise, Gott, nicht genug Beweise.» An solcher Evidenz fehlt es nicht nur berufsmässigen Zweiflern, sondern bisweilen auch Anhängern eines Gottesglaubens. Auch davon geben die Evangelien Zeugnis. Insbesondere die frohe Botschaft von der Auferstehung verstand sich offenbar nicht von selbst.

Sinnliche Gewissheit

Das leere Grab allein genügt selbst den Jüngern Jesu nicht, um an die Erfüllung einer Verheissung zu glauben. Und sogar, als der auferstandene Gekreuzigte ihnen erscheint, ist nicht fromme Freude die erste Regung. Im Lukasevangelium heisst es: «Da gerieten sie in Angst und Schrecken und meinten, einen Geist zu sehen.» (Lk 24,37) Daraufhin bietet der Verkannte ihnen seine Wundmale dar und versichert: «Ein Geist hat kein

Fleisch und keine Knochen [...]» (Lk 24,39) – Im Evangelium des Johannes wird der Zweifel noch weitergetrieben. Zwar erkennt Maria von Magdala den Auferstandenen vor dem leeren Grab wieder (erst allerdings, nachdem sie ihn in ihrem Kummer für den Gärtner gehalten hat); zwar erscheint Jesus den Jüngern, denen er apostolische Vollmachten erteilt, gewissermassen problemlos. Sodann aber liest man, einer der Zwölf sei, als Jesus kam, nicht zugegen gewesen. Thomas, um den es sich dabei handelt, vernimmt von den anderen nun, dass sie «den Herrn» gesehen hätten. Was er – man darf annehmen: schroff, trotzig – erwidert, hat das Zeug zur Blasphemie: «Wenn ich nicht das Mal der Nägel an seinen Händen sehe und nicht meinen Finger in das Mal der Nägel und meine Hand in seine Seite legen kann, werde ich nicht glauben.» (Joh 20,25)

Thomas, dem im Laufe der Jahrhunderte der Beiname «der Ungläubige» zuwächst, glaubt nicht nur den Worten seiner Brüder im Geist nicht; er scheint darüber hinaus auch seinen eigenen Augen nicht trauen zu wollen – vorsorglich: für den Fall, dass er mit ihnen den Auferstandenen doch noch sehen sollte. Der Zweifel, der ihn befallen hat, muss so beherrschend, so durchdringend sein, dass das Sehen allein ihn nicht zu zerstreuen vermag. Thomas will tasten und befühlen, er braucht handgreifliche Gewissheit. Das mag in Anbetracht der verheissenen leiblichen Auferstehung verständlich sein. Im Ersten Brief an die Korinther hat Paulus, was für die junge Religion auf dem Spiele steht, so knapp wie eindringlich formuliert: «Wenn es keine Auferstehung der Toten gibt, dann ist auch Christus

nicht auferweckt worden. Ist aber Christus nicht auferweckt worden, so ist unsere Verkündigung leer, leer
auch euer Glaube.» (1Kor 15,13) Gleichwohl mutet Thomas' enthemmte Skepsis wie eine obszöne, gottesläster-
liche Provokation an.

Ob verzweifeltes Glaubenwollen, kindischer Trotz
oder ungeheuerliche Blasphemie – die Worte des Thomas tun ihre Wirkung: Der Provozierte erscheint auf der
Bildfläche, lässt sich aber – wie von dem Verkünder einer
Liebesreligion nicht anders zu erwarten – nicht provozie-
ren, sondern erweist sich als nachsichtiger Gottessohn.
Zu Thomas sagt Jesus laut dem Evangelisten Johannes:
«Leg deinen Finger hierher und schau meine Hände an,
und streck deine Hand aus und leg sie in meine Seite,
und sei nicht ungläubig, sondern gläubig!» Und was tut
der also Aufgeforderte? Er tut nichts – ausser zu antworten und seine Gläubigkeit zu bekunden: «Mein Herr
und mein Gott!» (Joh 20,27f) Warum er nicht das tut,
was zu tun er noch drei Verse zuvor begehrt hat und was
Jesus ihm gewähren will, verrät das Evangelium nicht.
Überläuft Thomas ein frommer Schauder, ist er von hei-
liger Ehrfurcht ergriffen – oder beschämt von der Gross-
mut seines Gottes?

Der Leser, die Leserin muss sich aufs Ausspinnen und
Mutmassen verlegen. Nicht wenige Auslegungen im
Verlauf der Christentumsgeschichte sind dabei so weit
gegangen, Thomas doch tun zu lassen, wozu Jesus ihn
auffordert. Freilich gibt der Text eine solche Deutung,
genau betrachtet, kaum her (wie der Altphilologe Glenn
W. Most in einem nüchternen und doch hingebungs-
vollen Buch über den «Finger in der Wunde» vorgeführt

hat). – Warum aber haben Theologen sonder Zahl, von Augustinus über Thomas von Aquin bis Benedikt XVI., Thomas' Finger in Jesu Seitenwunde gesehen? Warum zeigen viele der bildlichen Darstellungen dieser oft wiedergegebenen Szene eine vom Wortlaut des Evangeliums schwerlich gedeckte Berührung?

Vielleicht deswegen, weil der Impuls, der Thomas zu seinem Ausbruch getrieben haben mag, untergründig weiterwirkt, weil er jederzeit sich bei jedem regen kann: der Wunsch, letzte Gewissheit darüber zu erlangen, was es mit der Verheissung der Erlösung auf sich hat. Der Versuch jedoch, sich ein für alle Mal in den Besitz einer sicheren Glaubenswahrheit zu bringen, kann nicht gelingen – weder durch Tasten noch durch Sehen. Nach dem Zeugnis des Johannesevangeliums ist er im Fall des ungläubigen Thomas nur deswegen nicht gescheitert, weil ein nachsichtiges (zumindest verbales) Entgegenkommen des Auferstandenen den ebenso zweifelsüchtigen wie sicherheitsbedürftigen Jünger aus seinem ängstlichen Starrsinn befreit.

Staunen – ungläubig oder gläubig

Der Glaube bleibt – zumal in reformatorischer Perspektive, die zwischen unerreichbarer Sicherheit und «geschenkter» Glaubensgewissheit zu unterscheiden weiss – ein Wagnis. Das besagen auch die Worte, die der johanneische Jesus, nachdem der Ungläubige den Glauben wiedergefunden hat, an Thomas richtet: «Du glaubst, weil du mich gesehen hast. Selig, die nicht mehr sehen und doch glauben!»

(Joh 20,29) Die nicht mehr sehen und doch glauben – die Nachgeborenen –, glauben aufs Wort; sie suchen keine Evidenz, keine Beweise. Und wenn sie etwas abtasten, tasten sie den überlieferten Text der Frohen Botschaft ab, nach verschiedenen Lesarten beispielsweise.

Ein Gutes hat die Fehllesung der Thomas-Episode. Sie hat Bilder – etwa das berühmte von Caravaggio – hervorgebracht, auf denen sich etwas abzeichnet, das sich in der Mitte zwischen Glauben und Zweifeln bewegt: das Staunen. Wer die Osterbotschaft gehört habe, schrieb Karl Barth einst in seiner «Dogmatik im Grundriss», könne «nicht mehr mit tragischem Gesicht umherlaufen und die humorlose Existenz eines Menschen führen, der keine Hoffnung hat». Wer die Botschaft hört und – staunt, macht auch kein tragisches Gesicht. Demgegenüber ist die Frage, ob das Staunen ein ungläubiges sei oder ein gläubiges, beinahe nachrangig.

Jeder, der liebt, erkennt Gott

Dass Josef und Maria einander in Liebe zugetan gewesen wären, ist nicht eigentlich aktenkundig. Doch auch wenn die Evangelien darüber kaum etwas verraten, dürfen ihre Leserinnen und Leser es gerne glauben. Dies umso mehr, als die heilige Familie, zu der die Christenheit das ungleiche Paar mit dem Jesuskind werden liess, im Mittelpunkt eines Festes steht, das weiterum als das der Liebe gilt. Wie die Erfahrung lehrt, erhält die Liebe alle Jahre wieder tatsächlich nicht selten Gelegenheit, sich zu bewähren: Die seelische Reizbarkeit und Empfindlichkeit nämlich nimmt inmitten des vielen, das «vor Weihnachten» eigentümlicherweise noch alles erledigt werden will, zu. Und so nehmen denn mitunter und unversehens auch manche kleinere oder grössere Beziehungsdramen, Ehekräche und Familienstreite kurz vor der Bescherung noch ihren Lauf.

Macht der Versöhnung

Wenn bei der Beilegung der Streitigkeiten die langmütige und freundliche Liebe sich als Macht der Versöhnung zeigt, so möchte der Laientheologe vermuten, dann erfahren die vorübergehend Entzweiten auch etwas von jener Liebe, die nach dem Wort des Ersten Briefs des Johannes Gott selbst *ist:* «Ihr Lieben, lasst uns einander lieben! Denn die Liebe ist aus Gott; und jeder, der liebt, ist aus Gott gezeugt, und er erkennt Gott. Wer nicht liebt, hat Gott nicht erkannt, denn Gott ist Liebe. Darin ist die Liebe Gottes unter uns erschienen, dass Gott seinen einzigen Sohn in die Welt gesandt hat, damit wir durch ihn leben.» (1Joh 4,7–9)

Das tönt überschwänglich und ist es auch. Es ist die Rede von einem Gott, der sich verschenkt an die, die er liebt, und der in dieser Entäusserung gleichwohl bei sich bleibt oder zu sich kommt. Wie das freilich zugehen soll, wie ein Gott «wahrer Mensch» werden und doch «wahrer Gott» bleiben könne, über dieses Geheimnis und Wunder disputieren Theologen und auch Philosophen – nicht nur zur Weihnachtszeit – seit zwei Jahrtausenden, wenn auch mit abnehmender Heftigkeit. Nicht nur über die Inkarnation, die Fleischwerdung des Wortes, wird gestritten, sondern gelegentlich auch über ihr Motiv: War es wirklich reine Liebe, die Gott bewogen haben mag, seinen Sohn zu «senden»? Hans Blumenberg etwa, ein Philosoph, der gedankenreich wider den Stachel der Theologie löckte, hat das (in seinen Reflexionen mit dem Titel «Matthäuspassion») andeutungsweise bezweifelt. Nicht überfliessende Liebe sei der Grund gewesen, sondern ein merkwürdiger Mangel – der Mangel Gottes, nicht zu wissen, wie es ist und sich anfühlt, ein Mängelwesen namens Mensch zu sein.

Die Menschwerdung wäre dann so etwas wie «die Kompensation eines göttlichen Evidenzmangels». Wenn

Gott diesem Mangel durch eine erweiterte Selbsterfahrung abhilft, durch eine Erfahrung, an deren Beginn das Geborenwerden steht, dann – das legt Blumenberg nahe – korrigiert Gott zugleich eine «schuldhafte Lage», in die er sich gebracht hat, als er das erste Menschenpaar aus dem Garten Eden verstiess: jene Geschöpfe, die er, eigentlich, «als sein Bild» (Gen 1,27) geschaffen hatte. Des Philosophen Spekulation bringt die gewohnte Ordnung der Dinge durcheinander und macht Gott zu einem, der – für menschliche Begriffe zumindest – mitschuldig ist an der Erlösungsbedürftigkeit der «gefallenen» Kreatur und der durch seinen Herabstieg vom Himmel die Ebenbildlichkeit zwischen Schöpfer und Geschöpf auf seine Weise wiederherstellt. Lässt man Langmut walten, so ist diese Deutung indes weniger unfromm, als sie vielleicht sein möchte. Jedenfalls dann, wenn Gott selbst sein Ebenbild mit Freiheit ausgestattet haben sollte – mit einer Freiheit, die es naturgemäss erlaubt, auch Verbotenes zu tun oder Nein zu sagen.

Einen Grund, an der Gott zugeschriebenen Liebe zu zweifeln, liefert die Freiheit, in die er seine Geschöpfe entlassen hat, nicht – oder allenfalls dann, wenn man sich ausmalte, Gott seinerseits begänne an seiner Liebe zu den Menschen, die von ihrer Freiheit nicht den erhofften Gebrauch machten, zu zweifeln oder zu verzweifeln. Doch so ist das eben: Mit seiner Liebe geht Gott, kaum anders als jeder andere Liebende auch, ein Wagnis ein – das Wagnis, dass die Liebe vom Geliebten nicht (oder nur zögerlich) erwidert wird. Auch dieser Evidenz – der Gewissheit, auf Gegenliebe zu treffen – ermangelte Gott mithin. Jedoch wäre solcher Mangel nur ein Teil des

Überflusses, den jede Liebe, recht betrachtet, bedeutet. Ohne ihm zu nahe zu treten, darf allerdings vermutet werden, dass auch Gott es lieber sähe, wenn die Menschen es sich gefallen liessen, von ihm geliebt zu werden, und wenn sie seine Liebe erwiderten – im Glauben.

Und der Glaube?

Wenn Gott aber, wie es im ersten Johannesbrief heisst, erkannt wird, sobald Menschen einander lieben (1Joh 4,7) – wieso sollten sie dann noch eigens an ihn glauben? Hält man sich vor Augen, dass «lieben» und «glauben» sprachgeschichtlich verwandt sind und im «Loben» übereinkommen, dann liesse sich auch fragen: Ist die Liebe nicht selbst schon eine Liebesreligion? Ist die Menschenliebe nicht bereits ein Glaubensbekenntnis? – Eines, das zudem den Vorzug besässe, auch von Glaubensschwachen, ja Ungläubigen abgelegt werden zu können? Von Menschen, in denen sich leidenschaftliche Liebe wie auch Fernsten- und Nächstenliebe regt, die aber in dem Menschensohn in der Krippe nicht zugleich den Gottessohn zu sehen vermögen? Entspräche eine solche Ermässigung der Glaubenszumutung nicht auch der Atmosphäre, die das globalisierte, interkulturell neutralisierte Weihnachtsfest verströmt?

Ein liebender Gott wird gewiss den langen Atem haben, von dem Paulus im ersten Korintherbrief spricht. Seine Liebe wird nicht eifern, sondern Nachsicht üben (nach 1Kor 13,4) – sogar mit denen, die geneigt sind, eher an den Weihnachtsmann als an ihn zu glauben.

Auferstehung – und Wiedergeburt

«Jeder sonnt sich heute so gern. / Sie feiern die Auferstehung des Herrn [...]» – Als Goethes Faust mit seinem Famulus Wagner das bunte Gewimmel der herausgeputzten Osterspaziergänger betrachtet, wird ihm das «Christ ist erstanden!» noch nachklingen, das der Chor der Engel in der Osternacht erschallen liess. Und der Leser hat den Satz im Ohr, mit dem Faust das Gehörte quittierte – es ist eines der geflügelten Worte, die sonder Zahl aus Goethes Tragödie entflogen und in den allgemeinen Zitatenschatz eingegangen sind: «Die Botschaft hör' ich wohl, allein mir fehlt der Glaube.» Den Leuten, die sich da auf «grünender Flur» in der Frühlingssonne ergehen, fehlt er offenbar nicht. Als Rechtgläubige im strengsten Sinne wird man sie aber andererseits, im Licht der milden Ironie, in das der Dichter die Szenerie durch ein «Denn» taucht, nicht sehen wollen: «Sie feiern die Auferstehung des Herrn, / Denn sie sind selber auferstanden, / Aus niedriger Häuser dumpfen Gemächern, / Aus Handwerks- und Gewerbesbanden, / Aus dem Druck von Giebeln und Dächern [...]» Im Schoss der Natur finden die aus dem Winterschlaf Auferweckten ihren Himmel – wie Faust ausdrücklich zu sagen nicht vergisst: «Ich höre schon des Dorfs Getümmel, / Hier ist des Volkes wahrer Himmel, / Zufrieden jauchzet Gross und Klein; / Hier bin ich Mensch, hier darf ich's sein!»

Der «geistliche Leib»

Ein Goethe-Leser mit Grundkenntnissen in christlicher Weltanschauung könnte nun stutzen und fragen: Sollte ich im christlichen Himmel denn kein Mensch mehr sein dürfen? Denen mit der Auferstehung des Gekreuzigten ihre eigene verheissen ist, ist doch schliesslich zugleich damit zugesagt, leibhaftig zu ewigem Leben wiedererweckt zu werden! – Die «letzten Dinge», über die naturgemäss wenig gewusst wird, fordern nicht nur den Glauben, sie fordern auch die Phantasie heraus – und überfordern sie mitunter. Das taten sie bereits in der Frühzeit des Christentums, als das Ende aller Tage im Erwartungshorizont der Anhänger Jesu sehr nahe war. In seinem Ersten Brief an die Korinther sieht Paulus sich veranlasst zu schreiben: «Aber – so wird einer fragen: Wie werden denn die Toten auferweckt? In was für einem Leib werden sie kommen? Du Tor! Was du säst, wird nicht zum Leben erweckt, wenn es nicht stirbt. Und was säst du? Nicht den zukünftigen Leib säst du, sondern ein nacktes Korn [...]. Gesät wird ein natürlicher Leib, auferweckt wird ein geistlicher Leib.» (1Kor 15,35–37.44)

Es wäre also wohl, in der Sprache des zweiten Teils der Faust-Tragödie, ein Leib ohne Erdenrest. Wie aber ein solcher «pneumatischer» Leib aussehen könnte, ein Leib, der – so viel weiss Paulus immerhin – ohne

«Fleisch und Blut» auskommen muss, welche feinstoffliche Zusammensetzung er aufweisen mag und ob die beim Ton der letzten Posaune «im Nu» Verwandelten noch wie die Osterspaziergänger zu jauchzen nötig haben, um ihrer Glückseligkeit Ausdruck zu verleihen – das alles sind Fragen, auf die im grobstofflichen Diesseits schwerlich letztgültige Antworten zu erhalten sein werden. Die Neugier der Erlösungsbedürftigen wird sich gedulden müssen.

«Des Volkes wahrer Himmel», den Goethes Faust in der ergötzlichen Frühlingslandschaft lokalisiert, gibt zu weiterem Fragen Anlass. Es entzündet sich an dem Umstand, dass die Auferstehung vom winterlichen Todesschlaf keine einmalige ist, dass sie vielmehr jedes Jahr aufs Neue bewerkstelligt wird: Darf der Hellhörige darin einen fernen Wink des Dichters erkennen, dem nicht zu Unrecht nachgesagt wird, ein Anhänger der Lehre von der Seelenwanderung gewesen zu sein? Soll die im Jahreskreis wiederkehrende Neubelebung von Natur und Mensch als sichtbares Gleichnis eines unsichtbaren – anderen – Geschehens verstanden werden? Verknüpft ein verborgenes «Stirb und werde!» die Leben der Menschen in einem Reigen von Wiedergeburten?

Die Idee der Seelenwanderung

Zu Goethes Zeit war die Beschäftigung mit der alten Idee einer Seelenwanderung – zumindest in gebildeten Kreisen – im Schwang. Daran war Gotthold Ephraim

Lessings religionsphilosophische Schrift «Die Erziehung des Menschengeschlechts» nicht ganz unschuldig. Eindringlich fragt darin der Toleranz predigende Pastorensohn, der an den Fortschritt der Menschheit glaubte: «Warum sollte ich nicht so oft wiederkommen, als ich neue Kenntnisse, neue Fertigkeiten zu erlangen geschickt bin? Bringe ich auf einmal so viel weg, dass es der Mühe wiederzukommen etwa nicht lohnet?»

Ja – warum sollte diese «älteste Hypothese», wie Lessing sie nennt, nicht etwas für sich haben? Viele christliche Theologen antworten darauf bis heute mit einer langen Liste von Unverträglichkeiten und «Problemen»: Wie soll sich die individuelle Identität durch die Wiederverkörperungen hindurch erhalten? Wird nicht einem falschen Dualismus von Leib und Seele das Wort geredet? Wird nicht dem Gedanken einer – anmassenden – Selbsterlösung vor dem der göttlichen Gnade der Vorzug gegeben? Wird nicht Verantwortungslosigkeit durch Schicksalsgläubigkeit gefördert? Und vor allem: Wie soll das Jüngste Gericht noch stattfinden, wenn alle so oft reinkarniert werden und sich zu «bessern» Gelegenheit haben, dass am Ende aller Tage niemand mehr verurteilt werden muss? Wo bleibt bei solcher universalisierten Resozialisierung der Ernst des Lebens?

Die meisten dieser und ähnlicher Einwände lassen sich entkräften, zumindest relativieren. An theologischen Versuchen dazu, die von dem wachsenden Zuspruch motiviert sein mögen, den die Idee der Wiedergeburt auch in unserer Weltgegend erfährt, fehlt es seit längerem schon nicht. Insbesondere auf katholischer Seite, auf der mit dem Fegefeuer oder Purgatorium der

Gedanke einer «nachtodlichen» Läuterung eingebürgert ist, mehren sich versöhnungsbereite Stimmen. Und warum auch nicht? Am Ende dürfte für Christenmenschen nicht die Frage, wie oft sie selbst wiederkommen, entscheidend sein, sondern die Frage, ob der, an den sie glauben, wiederkommt. Demgegenüber fiele dann auch der Verdacht weniger ins Gewicht, dem sich ein kulturkritischer Blick auf den Boom eines religiös diffusen Glaubens an Reinkarnation kaum verschliessen kann – bereits Lessings Rede von Mühe und Lohn nährt ihn –: der Verdacht, dieser Glaube passe zu gut in unsere Zeit, zu gut zum Leistungsprinzip und zum Imperativ der Selbstoptimierung. Man ist versucht, angesichts dessen von spirituellem Enhancement zu sprechen.

Faust wird zwar am Ende des zweiten Teils der Tragödie – doch noch – erlöst, weil er «strebend sich bemüht» hat, wie der mit dem Transport nach oben betraute Engel sagt. – Ob er sich diese Gnade aber wirklich verdient hat?

Frieden ist der Ernstfall

«Der Himmelsgruss, er erklingt diesmal über einen Erdball, der jauchzenden Teufeln als Spielzeug zu dienen scheint, über zerstörte Menschen und zerfetzte Wohnstätten, über Brand, Blut und Leichen [...]» – So beginnt, unter der Überschrift «Friede sei auf Erden!», der Leitartikel der «Neuen Zürcher Zeitung» zu Weihnachten 1914. Ein Jahr zuvor waren selbenorts noch die Mistel und das Glück, das sie bringen möge, das beschauliche Thema feiertäglicher Betrachtung gewesen. Die erste Kriegsweihnacht änderte, auch auf neutralem Boden, fast alles. Die Friedensbotschaft, die nach der Erzählung des Lukasevangeliums den Hirten auf dem Feld in der Nacht von Jesu Geburt durch einen Engel des Herrn und die «ganze himmlische Heerschar» überbracht wird – sie dröhnt dem Artikelschreiber wie «Dämonenhohn» in den Ohren. Auch nur ein «winziges Stückchen Trost» aufzuspüren, dünkt ihn zunächst unmöglich. Doch dann findet er im nicht erloschenen Trostbedürfnis selbst den Trost und einen Hoffnungsschimmer – das Anzeichen dafür, dass die Menschen «innerlich» doch «Friedensgeschöpfe geblieben» seien. Die «Erziehung von Jahrhunderten» lasse sich nicht einfach austilgen, glaubt der Autor, ein Wiener Korrespondent. Beschwörend redet er sich und seinen Leserinnen und Lesern ein: «So muss es denn kommen, dass wie-

der Frieden auf Erden werde.» Ebenso unvermeidlich
jedoch – und damit war er damals leider nicht allein –
erscheint dem Leitartikler hinwiederum der Krieg:
«Kein Missverständnis: dass der Krieg notwendig sei,
daran zweifeln wir heute so wenig wie je [...]»

Karl Barth und der Auftrag der Kirche

Einer, der sehr wohl daran zweifelte, dass der Krieg
schlichtweg «notwendig» sei, war Karl Barth. In einem
Brief las der junge Safenwiler Pfarrer wenige Wochen
nach Beginn des massenhaften und sinnlosen Tötens
und Sterbens auf den Schlachtfeldern einem deutschen
Kollegen die Leviten. Dem eine Generation älteren
liberalen Theologen Martin Rade, der als Herausgeber
der kulturprotestantischen Zeitschrift «Die christliche
Welt» sich zunächst von der Kriegsbegeisterung patrio-
tisch mitreissen liess, schrieb er Ende August 1914: Das
«vom christlichen Standpunkt aus einzig Mögliche» sei
in diesem Augenblick «der unbedingte Protest» gegen
den Krieg. Und wenn dem «verehrten lieben Herrn
Professor» das Geforderte eben nicht möglich sei, dann
solle er wenigstens «Gott aus dem Spiele» lassen – und
sei es «durch völliges Schweigen» –, anstatt so zu tun,
«als ob die Deutschen mitsamt ihren grossen Kanonen»
sich jetzt als Gottes «Mandatare» fühlen und ein gutes
Gewissen haben dürften. Auch Jahrzehnte später noch,
als aus Karl Barth der Kirchenvater des reformierten
Protestantismus geworden war und er Vorbehalte gegen
den «ethischen Absolutismus» und die unhistorische

Abstraktheit des radikalen Pazifismus formulierte, hielt er an seiner Überzeugung fest. In der «Kirchlichen Dogmatik» heisst es: Zwar habe die Kirche, die nun einmal unter gegebenen geschichtlichen Umständen existiere, nicht den Auftrag, zu verkündigen, dass der Krieg «prinzipiell vermeidlich» sei, wohl aber habe sie den Auftrag, «sich der satanischen Lehre entgegenzustellen, dass der Krieg prinzipiell unvermeidlich und also prinzipiell gerechtfertigt sei». – Jede christlich sein wollende Kirche hat diesen Auftrag, heute nicht weniger als damals; sie hat ihn, so darf angefügt werden, auch und gerade in Anbetracht der langen, blutigen Gewaltgeschichte, die sich mit dem Christentum selbst und einem falsch verstandenen religiösen Machtanspruch verbindet.

Der «Friede Christi»

Der Friede, der in der Nacht der Gottesgeburt verheissen wird, herrscht freilich nicht schon dann, wenn der Krieg aufgehört hat. Der christliche Friedensgedanke ist anspruchsvoll; und er ist, bei aller wohlverstandenen Einfalt des Glaubens, kein einfältiger, sondern der Gedanke einer mehrfachen Versöhnung. Danach lösen sich Gegensatz und Streit zwischen Gott und den Menschen ebenso auf wie zwischen den Menschen, und zudem lebt jeder einzelne Mensch auch im Frieden mit sich selbst. So liesse sich in dürren Worten die überschwängliche Friedensvision skizzieren. Doch ist damit das eigentlich Anstössige und Herausfordernde noch nicht angesprochen. Der Frieden, den Christenmenschen meinen, ist zwar nicht schon dann gekommen, wenn die Waffen schweigen. Aber wer der Botschaft der Evangelien Glauben schenkt, wird auch den gegenläufigen Satz unterschreiben: Jener Friede waltet nicht *erst* dann, wenn es in der Welt keinen Krieg mehr gibt. Nach dem Wort des Paulus zugeschriebenen Briefs an die Kolosser nämlich regiert der «Friede Christi» zuallererst in den Herzen der Menschen (Kol 3,15). Und das zieht eine durchaus ernstgemeinte Zumutung nach sich, die keine sentimentale Nebensache und keine Kleinigkeit ist: das Gebot der Feindesliebe. Es ist keine «Erfindung» des Christentums, aber doch eines seiner Herzstücke.

Feindesliebe und Gotteskindschaft

Die ihre Feinde lieben und für ihre Verfolger beten, so verkündet Jesus laut Matthäus in der Bergpredigt, werden – genauso wie die Friedfertigen, die Frieden stiften – «Söhne und Töchter Gottes» genannt werden (Mt 5,9). «Wer ist der Liebe bedürftiger, als der, der selbst ohne alle Liebe im Hass lebt?» So fragte einst Dietrich Bonhoeffer, der 1945 von Hitlers Schergen hingerichtet wurde. Karl Barth hat den Frieden den – eigentlichen – «Ernstfall» genannt. Auch wenn er diese Charakterisierung nicht auf die Feindesliebe gemünzt hat, so trifft sie auf sie doch in besonderer Weise zu. Der in solchem Fall geforderte Ernst ist demjenigen verwandt, der sich in Mahatma Gandhis vielzitiertem, dadurch aber nicht unwahr gewordenem Diktum ausspricht: «Es gibt keinen Weg zum Frieden, der Frieden ist der Weg.»

Wenn Dankbarkeit
in der Luft liegt

Zu den Weihnachtsbräuchen unserer Tage gehört, auch jene Nächsten mit einer kleinen Aufmerksamkeit zu bedenken, die uns etwas ferner stehen, die aber das Jahr über – unscheinbar und als wären sie dienstbare Geister – dafür sorgen, dass in der Lebens- und Arbeitswelt alles seinen gewohnten Gang gehen kann. Das «kleine Dankeschön», das Zeitungsverträger oder Pöstlerin, Hauswart und Putzfrau, Müllmann oder Sekretärin bekommen, lässt ein Licht der Anerkennung auf vermeintliche Nebenrollen im Bühnengeschehen des Alltags fallen. Es macht indes womöglich noch mehr sichtbar – wie überhaupt alle Jahre wieder um die Zeit der Wintersonnenwende und des Stillstands vor dem Kalenderwechsel manches zutage tritt, was während der betriebsamen Monate unterhalb der Wahrnehmungsschwelle verharrt. Die kleine Aufmerksamkeit für Menschen, die – wie man so sagt – eigentlich nur tun, wofür sie bezahlt werden, lässt sich als Zeichen einer Dankbarkeit verstehen, die im gesellschaftlichen Austausch von Waren, Dienstleistungen und Geld auch ausserhalb der Weihnachtszeit gar nicht so selten mitschwingt, die aber in den Höflichkeitsfloskeln, die den Verkehr begleiten, für gewöhnlich wiederum nur geschäftsmässig zum Ausdruck kommt.

Mehr als ein «lyrischer Affekt»

Die Dinge so zu sehen, wird man nun vielleicht nüchtern einwenden wollen, laufe doch wohl auf eine (jahreszeitlich bedingte?) «romantische» Verklärung von Verhältnissen hinaus, die an sich unter den Vorzeichen von Zweckmässigkeit und Nützlichkeit stehen und auch stehen sollten. Einmal abgesehen davon, dass Adam Smith, ein Protagonist des Nützlichkeitsdenkens, die Dankbarkeit (in seiner «Theory of Moral Sentiments») als die «vielleicht heiligste» Pflicht apostrophiert hat, sei zur Entschuldigung und weiterer Erläuterung auf Georg Simmel verwiesen, einen der Gründungsväter der Soziologie. In einem «soziologischen Versuch» charakterisiert er Dankbarkeit zunächst als «Stellvertreterin des Rechts»; sie werde überall dort wirksam, wo keine rechtliche Verpflichtung zwischen den Individuen bestehe. Dankbarkeit knüpfe, «wenn andere Mächte versagen, ein Band der Wechselwirkung, der Balancierung von Nehmen und Geben zwischen den Menschen». Doch der Zuständigkeitsbereich der Dankbarkeit weitet sich unter dem soziologischen Blick aus, und zwar denkbar weit: Obgleich dem ersten Anschein nach nur so etwas wie ein «lyrischer Affekt», so Simmel, sei Dankbarkeit «durch ihr tausendfaches Hin-und-her-Weben» eines der stärksten Bindemittel, ein «fruchtbarer Gefühlsboden», auf dem unserem Handeln eine «Kontinuität des Wechsellebens» zuwachse; Dankbarkeit spinne «gleichsam mikroskopische, aber unendlich zähe Fäden» – und erzeuge die «Stimmung eines allgemeinen Verpflichtetseins».

Das ist zwar selbst nicht ganz ohne lyrische Tönung formuliert, mündet aber in eine ihrer Sache nach prosaische Pointe: Würde mit einem Schlage – dies ist das Gedankenexperiment des Soziologen – jede bisher empfundene Dankbarkeit «ausgetilgt», so «würde die Gesellschaft, mindestens wie wir sie kennen, auseinanderfallen». Ob die Dankbarkeit, die manch einer in der Weihnachtszeit auch ferneren Nächsten bezeigt, eine so weitgehende Vermutung zu stützen vermag, sei dahingestellt. Aber eine *Stimmung* der Dankbarkeit, die sich nicht nur auf die nächsten Nächsten erstreckt, liegt doch gewissermassen in der adventlichen Luft, spürbar selbst dann noch, wenn die Betriebsamkeit sich, wie üblich, vor der innehaltenden Besinnung noch einmal steigert und Reizbarkeit und Erschöpfung sich bemerkbar machen. Undank scheint nicht mehr der Welt Lohn zu sein in diesen Tagen. Sogar unsentimentale Gemüter werden, mag es ihnen auch ein wenig peinlich sein, bisweilen von jener Stimmung erfasst.

Der Schauplatz, an dem (um im Bild Simmels zu bleiben) das soziale Gewebe aus den Fäden der Dankbarkeit atmosphärisch am dichtesten gewirkt ist und am deutlichsten sich zeigt, dürfte nach wie vor der engere Kreis sein, derjenige der Lieben, der Familie, der Freunde. Die in diesem Kreis weihnachtlich getauschten Gaben und Gegengaben sind – unter günstigen Umständen – nur die dinglichen Transportmittel, um das sich meldende Bedürfnis der Dankbarkeit zu befriedigen. Mit dem Dank, der dann ausgepackt wird, hat es allerdings – wenn nicht alles täuscht – eine eigene Bewandtnis. Die Schenkende bedankt sich nicht nur für erwiesene Wohltaten oder Freundlichkeiten, für Geduld und Langmut oder sonstige Eigenschaften des beschenkten Menschen, sie sagt darüber hinaus Dank für den Beschenkten selbst, für dessen Person und buchstäbliches Da-Sein.

Der Dankende dankt dafür, dass es den anderen gibt. – Wem aber dankt er dafür? Dem Menschen, für dessen Existenz er sich bedankt, kann der Dankende schwerlich danken, denn kein Mensch «verdankt» seine Existenz sich selbst. Wem also sei Dank? Dieselbe Frage stellt sich, wann immer das Gefühl einer Dankbarkeit mit Blick auf das eigene Leben aufkommt. Die Antwort (nicht nur) der Christenmenschen auf diese Frage zählt noch immer zu den viel beschäftigten Redewendungen der Alltagssprache: Gott sei Dank! In der anmutigen Schlichtheit vergangener Frömmigkeit hat sie der norddeutsche Pastorensohn und Dichter Matthias Claudius in einem «täglich zu singenden» Lied gegeben: «Ich danke Gott, und freue mich / Wie's Kind zur Weihnachtsgabe, / Dass ich bin, bin! Und dass ich dich, / Schön menschlich Antlitz! habe [...]»

Ohne Adresse?

Aber braucht jeder Dank eine Adresse? Kann die Frage, wem zu danken sei, nicht unbeantwortet bleiben? Reicht es nicht, hin und wieder – etwa an den besinnlichen Tagen im Dezember – von einer namenlosen Dankbarkeit erfüllt zu sein, um sich in der Welt aufs Neue zu beheimaten? Wie mit allen «ozeanischen» Gefühlen verhält es sich auch mit diesem freilich so: Es ist schwer zu sagen, ob solches Erfülltsein mehr und anderes ist als ein erweitertes Selbstgefühl, eine Art Selbstzufriedenheit, in der das Bedürfnis der Dankbarkeit nur verdeckt, nicht befriedigt wird. Und das Bedürfnis meldet sich am Ende womöglich doch wieder, wie ein Gedicht von Klaus Merz zu verstehen gibt, das «Letzter Wunsch» betitelt ist. Es liest sich beinahe wie ein spätzeitliches Gegenstück zu dem Lobgesang von Matthias Claudius: «Lieb wär' ihm ein Gott / um zu danken, gestand / uns der Alte. // Mit Schmerz und Klage / komme er eher / allein zurecht.»

Was ist Wahrheit?

In dem heilsgeschichtlichen Drama, das Christenmenschen sich in der Karwoche und an Ostern vergegenwärtigen, gibt es viele Mitwirkende, zentrale Figuren um den Messias und solche am Rand. In das Apostolische Glaubensbekenntnis, das die wesentlichen Akte jenes Heilsgeschehens knapp rekapituliert, haben von den *dramatis personae* indes bloss sehr wenige Eingang gefunden. Neben Gott und dem Heiligen Geist, neben Jesus und Maria wird namentlich nur noch einem Statthalter des römischen Kaisers diese Ehre zuteil – wie auch diejenigen wissen werden, die das Credo nicht mehr sprechen: «[...] gelitten unter Pontius Pilatus, gekreuzigt, gestorben und begraben [...]». Was aber hat der (historisch verbürgte) Kommandant einer «heidnischen» Besatzungsmacht im Bekenntnis der Christen, im liturgischen Konzentrat ihres Glaubens, verloren? Ein Mensch zudem, den Karl Barth einmal als «eine unerfreuliche und unansehnliche Gestalt mit einem ausgesprochen unerquicklichen Charakter» vor Augen gestellt hat?

Wie kommt Pilatus ins Credo?

Ins Credo ist jener römische Präfekt auf Beschluss des Zweiten Ökumenischen Konzils im Jahr 381 gekommen – vordergründig wohl, um die Passionsgeschichte mit der Überzeugungskraft einer historischen Beglaubigung auszustatten. Doch verbindet sich mit seinem Namen nicht nur eine schlichte Zeitangabe: Es geschah in den Tagen, als Pontius Pilatus Landpfleger war. Der Name steht auch für eine Zeitenwende, für den alles entscheidenden Wendepunkt in ebenjenem Drama, für ein Momentum, in dem Unheilsgeschichte und Heilsgeschichte einander kreuzen. Ohne Pontius Pilatus wäre, schenkt man den Evangelien Glauben, der jüdische Wanderprediger aus Nazaret nicht hingerichtet worden und nicht den qualvollsten Tod gestorben, den das römische Strafrecht Delinquenten niederen Standes vorbehielt. – Es hätte nicht sein müssen, Pilatus hätte dem Ansinnen der Hohen Priester nicht stattgeben müssen, Jesus wegen Anstiftung zu Aufruhr und wegen Hochverrats zu verurteilen – wegen der Prätention, «König der Juden» zu sein. Hätte der fremde Richter es freilich nicht getan, hätte eben nicht nur das Unheil der Hinrichtung des Gottessohns nicht seinen Lauf genommen, sondern auch das Heil der Auferstehung Jesu nicht, an dem teilzuhaben den Christusgläubigen verheissen ist.

Vielerlei Deutungen

So «nötig» das Stattgeben des Statthalters unter dem Aspekt einer heilsgeschichtlichen Dramaturgie auch sein mag, so verstörend bleibt, dass Pilatus kundtut, keine Schuld an dem Angeklagten finden zu können – und dann doch nachgibt. Das Zwielicht, in das die

Rolle des Pontius Pilatus in den Evangelien getaucht ist, beherrscht die Szenerie bis heute. Gegensätzlichste Ausdeutungen und Variationen sind aktenkundig. Das Charakterbild der heilsnotwendigen Figur schwankt drastisch in der Geschichte und in den Geschichten. Vom tölpelhaften Staatsfunktionär und feigen Opportunisten, der seine Hände in der sprichwörtlich gewordenen Unschuld wäscht, über den philosophischen Skeptiker bis zum Heiligen, als der Pilatus in der koptischen Kirche verehrt wird, reicht das Spektrum. In der gefahrvollen Frühzeit des Christentums, als es galt, die imperialen römischen Verfolger und Unterdrücker zu besänftigen und für sich zu gewinnen, wurde Pilatus mitunter zum «geheimen», dann sogar zu einem der ersten bekennenden Christen stilisiert. Später, in unzähligen Ausgeburten volksreligiöser Phantasie, die sich in verschiedensten Gegenden Europas einnisteten, gewann der Bösewicht über den Heilshelfer immer wieder die Oberhand. So anscheinend auch in der Sage, die sich um den Luzerner Hausberg (der seinen Namen zwar wohl nicht dem römischen Präfekten verdankt) und um den inzwischen zum Hochmoor gewordenen Pilatussee dreht: Alljährlich am Karfreitag tauche ein purpurner Thron aus dem See auf, auf dem – von Teufeln dorthin gesetzt – Pilatus sich die Hände wasche. Wer das Pech haben sollte, den Wiedergänger zu sehen, werde das Jahr nicht überleben.

Dem vielgesichtigen Pilatus hat Johann Caspar Lavater, Zürcher Pfarrer und philosophierender Schriftsteller, gegen Ende des 18. Jahrhunderts ein eindrucksvolles, nurmehr wenig bekanntes Denkmal gesetzt – in Form eines vierbändigen Buches der Erbauung und Erklärung. Eine seiner Titelvarianten lautet: «Pontius Pilatus. Oder Der Mensch in allen Gestalten. Oder Höhe und Tiefe der Menschheit.» Die bemerkenswerte «Schrift zur Schande und zur Ehre unseres Geschlechts» bietet sich «Christen, Nichtchristen, Unchristen, Antichristen» zur Lektüre an. Lavater erhebt Pilatus, der «alles in einem» gewesen sei, «Licht und Finsternis», ebendeshalb zum «Repräsentanten des ganzen menschlichen Geschlechts». Er tut es auch und insbesondere wegen der «Frage aller Fragen», die der römische Statthalter an den ihm vorgeführten jüdischen Gefangenen richtet: «Was ist Wahrheit?»

Mit der Frage, auf die er keine Antwort erhält, quittiert Pilatus im Johannesevangelium, was Jesus ihm zuvor über seine Mission mitteilt: Er sei in die Welt gekommen, um für die Wahrheit Zeugnis abzulegen. Und: «Jeder, der aus der Wahrheit ist, hört meine Stimme.» (Joh 18,37, Luther-Übersetzung 1996) Die Zürcher Bibel übersetzt das Wort Jesu verdeutlichend: «Jeder, der aus der Wahrheit ist, hört *auf* meine Stimme.» Zwischen den beiden Übersetzungsmöglichkeiten, zwischen dem Hören und dem Hören-auf, dem blossen Vernehmen und dem Verstehen, so könnte man mit einem Körnchen Salz sagen, bewegt sich die Lebenswirklichkeit des Pilatus in ihrem dramatischsten Augenblick.

Im Echoraum

«Was ist Wahrheit?» In dem Echoraum dieser Frage leben «Christen, Nichtchristen, Unchristen, Antichristen» auch heute noch. An der Frage mögen sich die Geister scheiden – sie können sich in deren Nachhall aber auch, nach Antworten suchend, aufeinander beziehen und zubewegen. Jedenfalls dann, wenn die Frage nicht so verstanden wird, als wolle Pilatus sagen: «Wahrheit – was ist das schon!» So hat Friedrich Nietzsche, dem jede Wahrheit nur eine neue Form der Lüge war, die Frage gedeutet – und (in seinem Spätwerk «Der Antichrist») Pilatus für seinen «vornehmen Hohn» gelobt und ihn als «einzige Figur» des ganzen Neuen Testaments hervorgehoben, «die man ehren muss». Doch die Ehre, im christlichen Glaubensbekenntnis genannt zu werden, verdient Pontius Pilatus nur, sofern und weil er die Wahrheitsfrage ohne Hohn stellt und offenhält. Offen bleibt sie, solange der allerletzte Akt des heilsgeschichtlichen Dramas noch aussteht, in gewisser Weise sogar für die, die an den auferstandenen Christus glauben.

Die Geburt der Freiheit

Es begab sich aber zu der Zeit ... – Alle Jahre wieder wird diese Geschichte erzählt. Sie beginnt nicht mit «Es war einmal» – und sie endet nicht mit «Und wenn sie nicht gestorben sind, dann leben sie noch heute». Die Weihnachtsgeschichte will kein Weihnachtsmärchen sein, und sie handelt auch nicht vom Weihnachtsmann; sie will vielmehr die Erzählung eines Ereignisses sein, das Geschichte gemacht hat und noch immer macht. Eines Ereignisses, das die Zeit gewendet, eine alte Zeit beendet und eine neue heraufgeführt hat. Die Kurzversion präsentiert Paulus in seinem Brief an die Galater: «Als sich aber die Zeit erfüllt hatte, sandte Gott seinen Sohn, zur Welt gebracht von einer Frau [...]» (Gal 4,4). Was die Zeiten wendet, ist mit diesem verheissungsvollen Satz gesagt: die Geburt eines Menschensohns, der der Gottessohn ist. Was mit dieser Geburt begonnen hat, ist – schenkt man der Geschichte Glauben – noch nicht zu Ende.

Ein Einspruch

Die Umstände der Geburt Jesu werden in den Evangelien nicht sehr ausführlich beschrieben. Die knappen Schilderungen legen dennoch nahe, der Menschen Heiland sei wenn nicht geradewegs in unmenschliche, so doch in unsichere Verhältnisse hineingeboren worden. Im Matthäusevangelium wird dies drastisch vor Augen geführt. Josef und Maria fliehen mit dem Kinde vor den Häschern des Herodes nach Ägypten. Der Menschensohn wird, kaum geboren, zum Flüchtlingskind.

Das Wort, das Fleisch wurde (wie es in der Vorrede des Johannesevangeliums heisst), ist auch ein Einspruch – der Einspruch des Allmächtigen gegen die irdischen Machthaber und gegen die Not und das Elend, die sie über die Menschen bringen. Das göttliche Machtwort kündigt sich in dem Lobgesang an, den die schwangere Maria (im Lukasevangelium) anstimmt. Maria lobpreist in ihrem *Magnificat* Gottes Barmherzigkeit und sein Eingreifen in die Geschichte: «Gewaltiges hat er vollbracht mit seinem Arm, zerstreut hat er, die hochmütig sind in ihrem Herzen, Mächtige hat er vom Thron gestürzt und Niedrige erhöht, Hungrige hat er gesättigt mit Gutem und Reiche leer ausgehen lassen.» (Lk 1,51–53)

Die Menschwerdung Gottes geht darüber noch hinaus. Gott erhöht nicht mehr nur Niedrige, er erniedrigt den Höchsten – sich selbst. Er steigt vom Thron herab und wird Mensch – aus Liebe zu den Menschen und um ihretwillen. Der Mensch wird, im Alten Testament, nach dem Bilde Gottes geschaffen – herausgehoben aus der übrigen Schöpfung. Im Neuen Testament setzt Gott sich selbst in das Bild des Menschen: Er durchlebt und durchleidet die Existenz der Mühseligen und Beladenen, Erniedrigten und Beleidigten. Zu dem Menschen-Bild, das sich da abzeichnet, gehört beides: die «Hoheit» und

die «Niedrigkeit», die Gestaltungskraft und die Verletzlichkeit, die Macht und die Freiheit, sich der Macht zu
entziehen.

Ein Wort der Ermächtigung

Freiheit: Die Geschichte von der Menschwerdung Gottes, von Liebe und Versöhnung lässt sich auch als eine
Geschichte der Befreiung erzählen. Der fleischgewor-
dene Logos ist auch ein Wort der Ermächtigung. «Zur
Freiheit hat uns Christus befreit» (Gal 5,1), schreibt Paulus im Brief an die Galater. Zu einer Freiheit, die für alle
gleichermassen gilt: «Da ist weder Jude noch Grieche, da
ist weder Sklave noch Freier, da ist nicht Mann und Frau.
Denn ihr seid alle eins in Christus Jesus.» (Gal 3,28)
   Die Freiheit, die durch den Menschensohn in die
Welt kommt, kommt – auf ihre Weise – mit jedem
Neugeborenen erneut zur Welt. Es ist eine Freiheit
des Anfangs, des individuellen Anfangenkönnens, die
Freiheit, zu handeln und die Welt zu verändern. Es ist
zugleich, sonst wäre sie nicht christlich verstanden, die
Freiheit von sich selber. «Zur Freiheit seid ihr berufen»,
heisst es in jener Epistel an die Galater, und Paulus ver-
deutlicht: «Auf eins jedoch gebt acht: dass die Freiheit
nicht zu einem Vorwand für die Selbstsucht werde, sondern dient einander in der Liebe!» (Gal 5,13) Der Glaube
gibt denen, die ihn haben, die Freiheit, das zu tun, wozu
das Gebot der Nächstenliebe auffordert.
   Das Freiheitsbewusstsein, das wesentlich für den
christlichen Gottesglauben ist, hat in philosophischer

Sprache niemand eindrücklicher vor Augen gestellt als Hegel in seinen Vorlesungen über die «Philosophie der Geschichte». Erst im Christentum sei zu Bewusstsein gekommen, dass «der Mensch als Mensch frei» sei, dass also alle Menschen frei seien und nicht nur einige wenige. Hegel nennt das Selbstbewusstsein der Freiheit geradezu das «christliche Prinzip» (das im Protestantismus zu sich komme). Er ist so frei zu glauben, dass die Freiheit des sich selbst bestimmenden Menschen dasjenige ist, «was Gott mit der Welt will»: Mit Christi Geburt werden die Menschen zur Freiheit berufen. Mit der Menschwerdung Gottes, so diese philosophische Version der Weihnachtsgeschichte, tritt eine Idee in die Weltgeschichte ein, die nicht wieder aus ihr verschwinden wird. Auch wenn, wie Hegel sich ausdrückt, zahllose Opfer auf der «Schlachtbank» der Geschichte zu betrauern sind, auch wenn «Verwirrungen und Irrtümer», Schreckenszeiten und immer wieder die Herrschaft der Unfreiheit zu beklagen sind: Das Selbstbewusstsein der Freiheit lässt sich nicht mehr austilgen, es ist und bleibt ansteckend.

In der Verlängerung der Hegelschen Blickbahn hat die Lebensform, die mit dieser Freiheitsidee verknüpft ist, im modernen Rechtsstaat ihre unüberholbare Gestalt gefunden: Die Menschen sind als freie Individuen in ihren unverlierbaren Rechten anerkannt, zu denen auch das Recht der Religionsfreiheit gehört. Ein Staat aus dem Geist des Christentums in Hegels Sinne ist kein «christlicher Staat». Das christliche Prinzip der Freiheit verwirklicht sich wesentlich *auch* dadurch, dass es der Freiheit der anderen – der Andersgläubigen – Raum gibt und Geltung verschafft.

Freilich: Die Freiheitsgeschichte, die mit der Menschwerdung Gottes beginnt, nimmt nicht automatisch ihren Lauf. Es kommt auf das Bewusstsein der Freiheit an, nicht zuletzt darauf, wie selbstbewusst dieses Bewusstsein ist. Auch daran darf sich erinnern, wer Weihnachten feiert.

Das Wagnis der Torheit

Die Kriegsknechte des römischen Statthalters schlugen und bespuckten den zum Tode Verurteilten – und sie verhöhnten ihn, trieben mit ihm derbe Spässe. So erzählen es die Evangelien. Mit purpurnem Mantel und Dornenkrone staffierten die Soldaten des Pilatus Jesus von Nazaret aus und verspotteten ihn: «Sei gegrüsst, König der Juden!» (Joh 19,3) Auch als der Gemarterte am Kreuz hing, war des Höhnens und Spottens noch kein Ende. Die vorübergingen, so heisst es bei Matthäus, «verwünschten ihn, schüttelten den Kopf und sagten: Der du den Tempel niederreissen und in drei Tagen wieder aufbauen willst, rette dich selbst, wenn du der Sohn Gottes bist, und steig herab vom Kreuz!» (Mt 27,39f) Ähnliches sprachen die Hohepriester, Schriftgelehrten und Ältesten – und sogar die Räuber und Mörder, die mit Jesus den Kreuzestod erlitten.

Das Wort vom Kreuz

Das Kopfschütteln und Verspotten ging nach Golgata weiter – bloss dass es diejenigen ertragen mussten, welche im Namen jenes hingerichteten jüdischen Wanderpredigers zusammenkamen und sich zu ihm als Gottessohn und Erlöser bekannten. Der seinerzeit berühmte Satiriker Lukian von Samosata hat – stilbildend – im zweiten nachchristlichen Jahrhundert die Christen schlichtweg für verrückt erklärt. Wie kann man einen gekreuzigten, einen schwachen, einen toten Gott anbeten?!

Dass sie mit ihrem Glauben – salopp gesagt – aus dem Rahmen fielen, war den frühen Exponenten der neuen Religion gewiss bewusst. Paulus jedenfalls charakterisiert im Ersten Brief an die Gemeinde im griechischen Korinth das «Wort vom Kreuz» – die Verkündigung des auferweckten Gekreuzigten – als «Torheit». Freilich dreht er den Spiess um: Töricht und skandalös erscheine es nur jenen, die die «Weisheit der Welt» zum Massstab der Beurteilung nähmen. Denen hingegen, die sich von jenem Wort (*Logos* schreibt Paulus) ansprechen liessen, wachse «Gottes Kraft» zu. (1Kor 1,18)

Der Völkerapostel zitiert, es leicht variierend, ein alttestamentliches Jesaja-Wort: «Zunichte machen werde ich die Weisheit der Weisen, und den Verstand der Verständigen werde ich verwerfen.» (1Kor 1,19) So wird die Weisheit der Welt, die Paulus auch als Weisheit «dieser Weltzeit» und ihrer «Herrscher» apostrophiert, handkehrum zur eigentlichen Torheit, zur törichten Torheit: «Denn das Törichte Gottes ist weiser als die Menschen, und das Schwache Gottes ist stärker als die Menschen.» (1Kor 1,25)

Die Weltzeit, von der Paulus mit apokalyptischem Unterton spricht, ist noch nicht abgelaufen. Wäre sie es, hätte Jesus Christus wiedererscheinen müssen, «zu richten die Lebenden und die Toten», wie es im Apostolischen Glaubensbekenntnis heisst. Und die «Weisheit» des fortdauernden Äons, für die das Wort vom Kreuz einer Torheit gleichkommt? Wäre sie heute des Näheren in der zur herrschenden Weltanschauung gewordenen Auffassung zu finden, alle Vorgänge in Natur und Gesellschaft liessen sich wissenschaftlich, also in Gesetzen und Statistiken, erfassen, prognostizieren und somit auch kontrollieren und steuern? Vielleicht. Oder ist sie in der in unzähligen Varianten kursierenden Devise angeblicher Lebenskunst zu erkennen, man müsse nur an sich selbst glauben und so seines Glückes Schmied werden? Vielleicht auch dies. Der verständige Verstand kennt viele «Weisheiten» und gebiert viele Zeitgeister.

Wie aber wäre demgegenüber das von der Weisheit der Welt missverstandene Wort vom Kreuz zu verstehen? Gehört, was es verkündet, zu den Dingen im Himmel und auf der Erde, die sich keine Schulweisheit träumen lässt? Doch von Gespenstern und Geistern (wie in Shakespeares «Hamlet») ist nicht die Rede. Paulus nennt die «Weisheit Gottes», die sich in der vermeintlichen Torheit des Wortes vom Kreuz verberge, ein Geheimnis (1Kor 2,1). Allerdings ist dies Mysterium nicht Bestandteil eines Mysterienkults, von denen es zu Paulus' Zeit, zumal in griechischen Landen, einige gab. Es wird kein Geheimwissen von Ohr zu Ohr geflüstert.

Das Wort vom Kreuz kündet von einem «unbegreiflichen Tausch». So hat Karl Barth die Versöhnung des Menschen mit Gott umschrieben: Gott erniedrigt sich, indem er Mensch und sein Wort Fleisch wird; und Gott erhöht den Menschen, indem er den toten Christus auferweckt, den als leibhafter Mensch gestorbenen Gottessohn. In diesem Tausch, so darf weiter gedeutet werden, erfüllt sich auf paradoxe Weise, was die paradiesische

Schlange verhiess: «Ihr werdet sein wie Gott.» – Wir sind wie Gott, weil Gott geworden ist wie wir: verletzlich, sterblich – und im Angesicht des Todes am Sinn des Lebens verzweifelnd.

Die Warum-Frage

Von der sechsten Stunde an kam eine Finsternis über das ganze Land. Und um die neunte Stunde, so berichten es Matthäus und Markus, schrie Jesus mit lauter Stimme: «Mein Gott, mein Gott, warum hast du mich verlassen?» (Mt 27,46 / Mk 15,34 mit dem Fragezeichen der Lutherbibel) Er erhält keine Antwort; der, dessen Wahrheit er bezeugen will, bleibt stumm. In der Frage des sterbenden Menschensohns öffnet sich der Abgrund des Wortes vom Kreuz. In ihr zittern alle «Sinnfragen», alle «letzten» Warum-Fragen, die Menschen in ihrem Leben stellen, nach. Und mit ihr verhallen sie; einschliesslich der radikalsten aller Fragen, die die philosophische Schulweisheit sich selbst zu stellen getraut: Warum ist überhaupt etwas und nicht vielmehr nichts? Es sind Fragen, auf die keine Weisheit der Welt eine «letzte» Antwort zu geben vermag; Fragen, an denen alle Weisheit der Welt zunichte – zur Torheit – wird.

Im Dunkel der Gottesfinsternis, die sich auf Golgata ereignet, in der tödlichen Stille der ausbleibenden Antwort, des entschwindenden Sinns wird erfahrbar: Wo die Frage nach dem Warum keinen Adressaten mehr kennt und keine Aussicht auf Antwort mehr hat, da laufen alle Fäden, die der verständige Verstand spinnt, da führt aller Fortschritt im Denken und in der vernünftigen Organisation des Zusammenlebens letztlich ins Leere.

Der, an den alles Fragen nach dem Warum sich zuletzt richtet, schweigt am Tag des Golgata-Geschehens. Die Selbsterniedrigung Gottes fällt zusammen mit seiner Selbstverbergung. So legt es Paulus nahe, und so legt es eine lange Reihe an ihn anschliessender theologischer Deutungen aus, die naturgemäss um den sprachlichen Ausdruck für das Unbegreifliche ringen. Es sei die «Tiefe der Gottheit», die sich gerade darin offenbare, dass sie sich auch gänzlich verbergen könne in ihr «völliges Gegenteil, in die tiefste Verwerfung und das grösste Elend des Geschöpfs». So schreibt Karl Barth in seiner «Dogmatik im Grundriss». Dafür, dass die Verbergung Gottes zugleich seine Offenbarung ist, dafür, dass die Frage des Sterbenden am Kreuz nicht das letzte Wort Gottes bleibt, steht das Auferweckungsbekenntnis. Es zu sprechen, heisst, das Wagnis des Glaubens einzugehen, das bis zuletzt ein Wagnis bleibt. Oder, in der Sprache der Weisheit der Welt: das Wagnis der Torheit.

Nachweis

Die Texte wurden als Leitartikel in der «Neuen Zürcher Zeitung» publiziert:

Gott war tot, NZZ vom 15. April 2006
Erlöstes und erlösendes Lachen, NZZ vom 7. April 2007
Das Schweigen Gottes, NZZ vom 22. März 2008
Menschensohn und Menschenwürde, NZZ vom 24. Dezember 2008
Das Kreuz und das Ende des Opfers, NZZ vom 11. April 2009
Es ward Licht, NZZ vom 24. Dezember 2009
Gaben und Gegengaben, NZZ vom 24. Dezember 2011
Der ungläubige Thomas, NZZ vom 7. April 2012
Jeder, der liebt, erkennt Gott, NZZ vom 24. Dezember 2013
Auferstehung – und Wiedergeburt, NZZ vom 19. April 2014
Frieden ist der Ernstfall, NZZ vom 24. Dezember 2014
Wenn Dankbarkeit in der Luft liegt, NZZ vom 24. Dezember 2015
Was ist Wahrheit?, NZZ vom 26. März 2016
Die Geburt der Freiheit, NZZ vom 24. Dezember 2016
Das Wagnis der Torheit, NZZ vom 15. April 2017